End of Time – Am Ende der Zeit

von Martin Selle

Langenscheidt

Berlin · Madrid · München · Warschau · Wien · Zürich

Lektorat: Marion Schweizer
Englischsprachiges Lektorat: Stephen Roche
Umschlaggestaltung: init.büro für gestaltung, Bielefeld,
unter Verwendung von Fotos von iStockphoto

www.langenscheidt.de/boy-zone
www.langenscheidt.de

Satz: kaltner verlagsmedien GmbH, Bobingen
Druck und Bindung: Stürtz GmbH, Würzburg

ISBN: 978-3-468-20864-5

11010

Inhalt

Alarm

5. Januar
Galileo College, Eliteschule für Raumfahrt, London

Ich schrak aus dem Tiefschlaf hoch. Mein Herz setzte beinahe einen Schlag aus, so laut schrillte das Interphon neben meinem Bett. Was ich damals noch nicht wusste: Gemessen an den folgenden Ereignissen war mein Erschrecken geradezu harmlos. Mit genau diesem Schrillen begann eine unfassbare Geschichte – nicht nur meine eigene, wie sich bald herausstellen würde. "Hello", meldete ich mich etwas benommen.
"Am I speaking to Thomas Sternau?", fragte eine Männerstimme.
Ich setzte mich im Bett auf und versuchte, wach zu werden. "This … this is Tommy Sternau speaking." Ich schielte auf meinen Armbandcomputer. 3.42 Uhr.
"I need to see you – **urgently**."
"Who are you?"
"My name is Albert Blix. I'm an **astrophysicist**."
"What?" Ich zwickte mich, um festzustellen, ob ich träumte. "Are you sure you want to talk to me?"
"You are Thomas Sternau, a student at Galileo College and a friend of the students Allan Morefill and John Gribbin. I know your father, Dr. Julius Sternau. He's working at the **observatory** in South America …"
"Do you know what time it is?"

urgently dringend
astrophysicist Astrophysiker(in)
observatory Sternwarte

"Sorry. But this can't wait", sagte Blix. "We've decided that you and your two friends are to be the **messengers** of a terrible **discovery**. Three thirteen-year-old boys will never **be suspected**. **I'm afraid** I can't say any more than that on the phone. Journalists could **be monitoring** the call."

Ich kapierte überhaupt nichts. Wir sollten die Nachricht von einer schrecklichen Entdeckung überbringen? Wem? Und wer war *we*? War der Typ irre?

"If you **get going** right away, you could be here ..."

Was für ein Schmarrn! "Mister, leave me alone. We're not going anywhere, at least not now. It's 3.45 in the morning!"

Ich trennte die Verbindung und fiel zurück ins Bett.

Einschlafen konnte ich nicht mehr. Nach wenigen Minuten stand ich wieder auf, wanderte barfuß durch mein Internatszimmer und sprach eine Notiz auf mein mündliches Tagebuch in meinem Armbandcomputer:

Oral diary – Thomas Sternau

I just ***received*** *a* ***mysterious*** *call from someone called Albert Blix, who* ***claims*** *to be an astrophysicist, and wants to* ***hire*** *me and my friends Allan Morefill and John Gribbin as secret messengers for an* ***unknown*** *and* ***somewhat shady purpose****.*

messenger Bote (Botin)
discovery Entdeckung
to be suspected unter Verdacht stehen
I'm afraid leider
to monitor abhören
to get going in Gang kommen
to receive erhalten
mysterious rätselhaft
to claim behaupten
to hire sb jdn engagieren
unknown unbekannt
somewhat etwas
shady zwielichtig
purpose Zweck

Mein Fuß blieb im Kabel der Nachttischlampe hängen. Sie flog auf den Boden und zerbrach, auch ich fiel hin und riss einen Stapel Bücher um. Der Krach dröhnte wie Donner von den Wänden. Ich rappelte mich auf, öffnete den Kühlschrank und nahm mir einen Orangensaft heraus. Mit dem Glas in der Hand stellte ich mich ans Fenster und sah hinaus. Der Mond stand hell am Himmel und überzog die Dächer mit seinem bläulichen Licht. Ich starrte auf mein Spiegelbild in der Scheibe. Ein schlaksiger Kerl mit kurzen, vom Schlaf verwuschelten blonden Haaren und in einem zerknitterten T-Shirt blickte mir entgegen. Kaum zu glauben, dass hinter dieser harmlosen Stirn das geniale Gehirn eines zukünftigen Weltraumforschers arbeitete ...

Mein Interphon klingelte erneut und riss mich aus meinen Gedanken. Diesmal ein schrilles Klingeln, das Zeichen dafür, dass eine Mitteilung eingegangen war. Ich ging zum Bett zurück. Die übermittelte Botschaft schwebte als 3D-Projektion mitten im Zimmer. Ich warf einen Blick darauf.

Im gleichen Augenblick überrollte mich eine Welle von Angst und Schrecken.

Ich las eine Buchstabenfolge: E-O-T.

"That can't be true", murmelte ich wie betäubt. "E-O-T!" Aus dem Astrophysikunterricht wusste ich, was dieser Geheimcode bedeutete. "God help us. E-O-T." Wurde dieser Code ausgegeben, durften wir Mitglieder der GLOSA nur noch Englisch miteinander sprechen, um Missverständnisse durch unterschiedliche Sprachen zu vermeiden.

Das Interphon blinkte grün. Wer immer diesen Code geschickt hatte, er war noch in der Leitung.
"Computer: **Activate** voice contact."
"Are you ready now to meet your friends?", fragte der Anrufer. Es war derselbe wie vorhin, natürlich. "Yes, sir. We'll be leaving in a few minutes. Would you tell me a bit more about yourself, please?"
"I'm an **astronomer** and director of the Mauna Kea Observatory in Hawaii. Your father asked me to contact you. That's enough for the moment."
"Why didn't he call me himself?"
"Like I said, the information behind the code is **top secret**. Journalists would pay thousands of ecus to know the meaning of the code. That's why your father **got in contact with** you through us." Ich betrachtete erneut den Code, der immer noch als Projektion im Raum stand. "The GLOSA ONE is ready for you", sagte die Stimme. "It's waiting at Heathrow airport. Get a taxi. We'll meet in Mauna Kea. This case is very important."
"We're on our way", sagte ich noch. Dann erlosch das grüne Licht des Interphons. Im Raum blieben nur die Buchstaben E-O-T zurück.
In diesem Augenblick ging die Zimmertür auf und Ben Hunter stürzte herein. Er schlief im Zimmer nebenan. Wenn es auf diesem Planeten jemanden gab, der Weltmeister darin war, Leute auf die Palme zu bringen, dann war es Ben mit seiner Neugier.
"What happened, Tommy? I heard a noise."

to activate aktivieren
astronomer Astronom(in)
top secret streng geheim
to get in contact with sb mit jdm Kontakt aufnehmen

"Just **stumbled**, that's all."

"You**'re getting dressed** in the middle of the night?"

"Get lost, Ben. I haven't got time for you now."

Im gleichen Moment wurde mir klar, dass ich einen Fehler gemacht hatte. Ich hätte Ben nicht wegschicken dürfen. Jetzt hatte ich seine Neugier erst recht geweckt. Sein Blick wanderte zu der Projektion.

"E-O-T? **What the hell** is going on here, Tommy?"

"Don't be so damn **curious**, Ben."

"I suppose I get that from my father."

Stimmt, dachte ich. Bens Vater war Chefreporter beim Weltnachrichtendienst GNN und hatte seine Ohren überall.

"**Come on** Tommy, **spit** it out. What happened? Why is E-O-T on your screen?"

Mir riss der Geduldsfaden. Ich packte ihn am T-Shirt, warf ihn aus meinem Zimmer und knallte die Tür hinter ihm zu.

"You'll **regret** this, Tommy. I'll tell my Dad about E-O-T! We'll find out what you're keeping from us. I **swear** to you, we will."

***Oral** diary – Thomas Sternau*

***By mischance** Ben Hunter found out about E-O-T. He's going to inform his father, Michael Hunter, immediately. The **chief editor** of GNN will get wind of a sensation.*

to stumble stolpern
to get dressed sich anziehen
What the hell...? Was zum Teufel...?
curious neugierig
C'mon = come on
to spit (spat, spat) spucken
to regret bereuen
to swear (swore, sworn) schwören
oral mündlich
by mischance durch ein Missgeschick
chief editor Chefredakteur(in)

Advice to a Taxi Driver

5. Januar
Flughafen London Heathrow

"I simply cannot believe that they**'ve issued** the E-O-T **alert**", sagte Allan, als das Taxi den Flughafen erreichte. Seine fast schwarzen Locken standen ihm wirr um den Kopf, weil ich ihn einfach aus dem Schlaf gerissen und ihm keine Zeit gelassen hatte, sich ordentlich zu kämmen.

Nicht besser war es John ergangen. Seine zahllosen Sommersprossen waren regelrecht verblasst, als ich ihm von dem E-O-T-Code erzählt hatte.

Allan Morefill war Amerikaner, John Gribbin Engländer. Zu dritt besuchten wir das Galileo-College, um später Astronauten bei der GLOSA, der Global Space Agency, zu werden. Bis dahin ist es noch ein weiter Weg, aber jeder von uns hatte jede erdenkliche Anstrengung auf sich genommen, um an diese Eliteschule für Raumfahrt zu gelangen.

Das Taxi bog in die Martin Street ab.

"A **frightening thought**: there won't be any more taxis around", sagte Allan.

Ich sah im Rückspiegel, wie der Taxifahrer verwirrt die Stirn runzelte.

"The code means something serious has gone wrong", ermahnte John den unvorsichtigen Allan. "We have to watch what we say."

advice Ratschlag
to issue sth etw herausgeben
alert Warnmeldung
frightening erschreckend
thought Gedanke

Neben der Startbahn für Privatjets ragte ein Hangar in den nächtlichen Himmel, vor dem das Taxi jetzt anhielt. Wir stiegen aus dem Wagen und ich drückte dem Lenker zwanzig Ecu in die Hand. Die Münzen und Scheine des weltweiten Einheitsgeldes, der Earth Currency Unit, sahen ähnlich aus wie der Euro, ein Geld, das es früher in Europa mal gab. Das war allerdings lange vor meiner Zeit.
"Why won't there be any more taxis around?", fragte mich der Taxifahrer, während er mir das Wechselgeld gab.

to quit (quit, quit) one's job
kündigen

Ich wusste nicht, was ich dem armen Mann antworten sollte. "Do you have children?", fragte ich ihn.
"Yes. A daughter about your age. She's very pretty", sagte er stolz.
"Go home and spend as much time as you can with her. **Quit** your **job** and go do that. Good luck."
Im Gehen drehte ich mich noch einmal um. Der Taxifahrer sah uns nach, als wäre er gegen eine Wand gelaufen. Mein Ratschlag musste ihm seltsam vorkommen. Aber mehr konnte ich ihm nicht sagen, im Grunde war das schon zu viel gewesen. Ich sollte wirklich meine Klappe halten.
Ein rundgesichtiger Mann kam hinter dem Hangar hervor.
"You see that GLOSA emblem on the pilot's uniform?", meinte John.
"Sure", antwortete Allan. Das Symbol war ein Globus, um dessen Äquator ein Ring aus Goldsternen zog: ein Symbol der weltweiten Einheit, die zwar noch nicht

unter den Nationen, wohl aber in der Raumfahrttechnik erreicht war. Das war allerdings nicht unbedingt ein Zeichen weltumspannender Völkerfreundschaft, sondern eher eine wirtschaftliche Notwendigkeit. Kein Land konnte sich heute noch ein nationales Weltraumprogramm leisten.

"Perfect timing", sagte der Mann. "My name is Bradley. But call me Brad. I landed seven minutes ago. Follow me please."

"I'm nervous", raunte Allan uns zu.

"Me too", murmelte ich. Für uns drei war es das erste Geheimtreffen, zu dem wir aufbrachen.

Brad schien unsere Anspannung zu spüren. "Galileo students are afraid of flying?", fragte er und grinste.

"No, no", sagte ich schnell.

Allan zog die Augenbrauen hoch. "We're scared about something else, not about the flight", murmelte er leise.

Brad führte uns um den Hangar herum auf das Rollfeld zu. Als wir das geparkte Flugzeug sahen, blieben wir wie angewurzelt stehen. Wir hatten die GLOSA ONE in Raumschifftechnik auf Zeichnungen gesehen, aber noch nie in natura.

"What the hell ...", entfuhr es John.

"What an **enormous** jet", staunte auch Allan. "It reminds me of a space shuttle. Look at the **flat surface** and the X-wings."

"It looks like a **stingray**", stellte ich fest. Brad deutete auf die Gangway. "This way. And **watch your step**."

enormous riesig
flat flach
surface Oberfläche
stingray Stachelrochen
Watch your step. Vorsicht, Stufe!

Minuten später saßen John, Allan und ich in einer leeren Kabine.

"**Fasten** your **seatbelts**", sagte Brad. Er kontrollierte unsere Gurte, dann verschwand er im Cockpit.

"From the inside it looks like a normal plane." Allan schaute sich neugierig um.

"But without windows", gab ich zurück.

to fasten one's seatbelt sich anschnallen
We're rolling. Es geht los.
Clarinet Concerto Konzert für Klarinette
comfortably bequem
pleasant angenehm

Die Motoren des Jets erwachten zum Leben. Ein dumpfes Vibrieren ging durch den Rumpf.

"**We're rolling**", sagte John und lehnte sich zurück.

Aus dem Deckenmonitor erklang leise Musik.

"Mozart", sagte Allan, der sich für klassische Musik interessierte und selbst Klavier spielte. "The **Clarinet Concerto**."

John verdrehte die Augen und sagte nichts. Er stand mehr auf Space Music, weiche Klänge mit beruhigender Wirkung.

Ein Interphon klappte aus und projizierte ein 3D-Plasmahologramm aus dem Cockpit in die Kabine.

"Are you sitting **comfortably**?", fragte Brad.

"Like on a cloud", sagte ich.

"Then relax. Our flight will take three hours and ten minutes. I wish you a **pleasant** flight."

Die 3D-Projektion löste sich auf.

Streng geheim

5. Januar
Mauna Kea, Hawaii

Die Nase des Jets senkte sich. Brad erschien wieder als Plasmahologramm in der Kabine. Unsere Müdigkeit war wie weggeblasen.
"We're landing", teilte uns Brad mit.
"I can feel the GLOSA ONE **descending**." Allans Stimme klang leicht nervös, sicher nicht wegen der bevorstehenden Landung, sondern in Erwartung dessen, was danach folgen sollte.
Kurze Zeit später ruckte das Flugzeug kaum spürbar, dann drückte uns die Fliehkraft nach vorn, während die Maschine scharf abgebremst wurde.
"We've touched the ground", stellte ich fest.
Schließlich erstarben die Triebwerke, die Maschine stand.
"Here we are" strahlte uns Brad an, während er sein Headset ablegte. "Welcome in Mauna Kea, Hawaii."
Er betätigte einen Knopf. Druckluft zischte, dann öffnete sich die Flügeltür der GLOSA ONE und wir blinzelten in das grelle Sonnenlicht.
Brad öffnete einen Stauraum neben Allan. "Here are parkas, caps and gloves. You're going to need them." Dann zog er sich selbst warm an, lief die Gangway hinunter und winkte uns zu sich. "Come on! Mr Blix is already waiting for you. Every minute is **precious**."

to descend
absteigen
precious
kostbar

In dicke Klamotten gepackt stieg ich als Erster aus, John folgte mir. Allan kramte erst noch seinen Rucksack hinter dem Sitz hervor.

"Leave your **luggage** there", rief Brad. "You won't need it anymore. Everything is prepared for your **arrival** in South America."

"South America?" John sah Brad an, als sei er der Mann im Mond höchstpersönlich. "**For crying out loud**, where? With whom and why?"

"Don't worry!", sagte Brad nur. "Go to the main entrance of the Gemini telescope. Professor Blix is expecting you."

Wir gingen auf den mächtigen weißen Kuppelbau zu, der wie aus dem braunen Fels gewachsen hoch in den Himmel ragte.

"The air's **pretty** thin up here", ächzte John, als wir eine schmale, verschneite Straße überquerten. Der eiskalte Pulverschnee knirschte unter unseren Gummisohlen.

"No wonder", sagte ich. "The Mauna Kea volcano is about 4,200 metres above **sea level**. Up here, the air **contains** 40 percent less **oxygen** than at sea level."

"Soon that won't **matter** anymore", sagte Allan.

"**Fascinating**", sagte John. Er war einen Moment stehen geblieben und blickte auf das endlos weite Wolkenmeer, das sich wie eine flauschige Daunendecke unter uns ausbreitete. "It's really scary to think that we may never see such **wonders** of nature again."

luggage Reisegepäck
arrival Ankunft
For crying out loud! Ach du Schande!
pretty ziemlich
sea level Meeresspiegel
to contain enthalten
oxygen Sauerstoff
to matter eine Rolle spielen
fascinating faszinierend
wonder Wunder

"A terrible thought", stimmte Allan zu.
"That's why we can't lose any more time", trieb ich die beiden an, sich von dieser wunderschönen Welt loszureißen. Mein Armbandcomputer sagte mir, dass es aufgrund der Zeitverschiebung bereits 4.03 Uhr nachmittags war.
Wir eilten auf das Gemini-Teleskop zu. Am Eingang blickten wir uns verwirrt um.
"It can only be opened with a chipcard", sagte John.
Ich hob die Faust, um anzuklopfen, da schob sich die schwere Metalltür wie ein Theatervorhang von selbst zur Seite.

"Big Brother is watching us." Allan deutete auf eine Kamera über uns.
Ein glatzköpfiger Mann um die Sechzig stand plötzlich vor uns. Er hatte eine runde Nickelbrille auf seiner Hakennase und ein dunkelblaues, viel zu großes T-Shirt hing an seinen schmalen Schultern wie auf einem Kleiderbügel.

dome Kuppel
unfortunately leider

"Finally you're here! Pleased to meet you. My name is Albert Blix", stellte sich der Astronom vor. "Please follow me into the **dome**. We've been waiting for you."
Im Eiltempo führte er uns in die riesige Kuppel der Sternwarte.
"Wow!", rief Allan, als wir eintraten. "This looks like the bridge of a Star Wars spaceship."
"**Unfortunately**, the E-O-T code isn't from a science fiction film", sagte Albert Blix trocken und holte uns damit auf den Boden der erschreckenden Wirklichkeit zurück. "I'd give my life for it to be different."

Wir stiegen die Treppe zum Teleskopraum hinauf. Ich hörte, dass oben eine zweite Stimme über ein Interphon sprach.

It's about time! Es wird höchste Zeit!
government Regierung
worldwide weltweit
at all costs um jeden Preis
on board an Bord
highly höchst
alarming Besorgnis erregend

"They're here", kündigte uns Professor Blix an, als wir oben ankamen.

"**It's about time!",** erwiderte die raue Stimme. Sie gehörte Professor Logan, einem kleinen dicken Mann mit grauen Haaren und ebenso grauem Vollbart.

"Have any national **governments** been informed that E-O-T has been issued?", fragte Albert Blix seinen Kollegen.

"No. GLOSA wants to avoid a **worldwide** panic **at all costs**. Total chaos would break out immediately."

"Worldwide panic?", fragte ich. "This doesn't sound too good."

"Doctor Morefill, who is **on board** the GSS, has made a **highly alarming** discovery."

"My father?", fragte Allan alarmiert.

Die GSS war die Globale Raumstation und gehörte der GLOSA. Sie kreiste auf einer Umlaufbahn im All um die Erde. Die Väter von Allan und John forschten dort oben gemeinsam an einem Projekt zur Herstellung atembarer Atmosphäre, um auf Erde und Mond künstliche Lebenswelten für die Zukunft zu schaffen. Die Menschen wurden täglich mehr und die Erde bot schon lange zu wenig Lebensraum. Vor einigen Jahren noch lebten sechs Milliarden Menschen auf der Erde, heute waren es bereits zwölf. Die meisten von ihnen wohnten in Megastädten wie Tokio oder Mexico

City, wo zuletzt über 40 Millionen Einwohner gezählt worden waren. Es gab viel zu wenig Nahrung, Energie und Wasser für so viele Menschen, zusätzlich erschwerten die Klimaerwärmung und das Abschmelzen der Polkappen das Leben auf dem einst so blauen Planeten: Der Meeresspiegel war massiv angestiegen, viele Inseln einfach im Meer versunken. Überschwemmungen, Erdrutsche und Tsunamis begruben immer wieder ganze Landstriche unter sich. Auf dem ganzen Globus waren große Flüchtlingsströme unterwegs. Wenn das nicht aufhörte, würden die Menschen um den restlichen Lebensraum und die verbliebenen Ressourcen bald Kriege führen.

Dr. Morefill und Professor Gribbin arbeiteten zusammen mit anderen Wissenschaftlern in einer Forschungsgruppe an der Realisierung sogenannter Klimakapseln: künstlicher Kapselwelten, die die Städte wie Seifenblasen umschließen sollten. Eine gigantische Kuppel, durchsichtig und dünn, sollte New York, London, Paris und alle anderen Städte luftdicht von der Außenwelt abschließen, in der die Menschen nicht mehr würden leben können. In diesen Kapselstädten würden Wetter, Klima und Atemluft durch Maschinen erzeugt, abgeschirmt von der zerstörten Umwelt, geschützt vor den gefährlichen UV-Strahlen der Sonne und der Radioaktivität, die sich nach mehreren Reaktorunfällen überall in der Atmosphäre verteilt hatte. Ich fragte mich, was sie bei dieser Arbeit wohl entdeckt haben mochten, was den E-O-T-Code rechtfertigte. Statt einer Antwort forderte Professor Blix uns auf, uns zu setzen.

John hielt es nicht mehr länger aus und fasste sich ein Herz. "Mr Blix", sagte er, "we're students at Galileo College and, **therefore**, members of GLOSA. I think it's time you finally told us what's going on here."
Logan sog hörbar die Luft ein, als Blix direkt zur Sache kam. "It was your father's idea, Tommy, to bring you here", wandte er sich an mich. "Secret information about the E-O-T code must be **delivered** quickly to your father at the La Silla Observatory in the mountains of Chile." Blix erhob sich langsam und schritt vor dem mächtigen Gemini-Teleskop auf und ab.

therefore deshalb
to deliver überbringen
public Öffentlichkeit
effect Wirkung
to go off hochgehen
importance Bedeutung
ruthless rücksichtslos
to unravel a secret ein Geheimnis aufdecken
to succeed es schaffen
to hack into a network in ein Computernetz eindringen

"What does that have to do with us?", fragte ich.
"If this data reaches the **public**, it will have the **effect** of a bomb **going off**." Seine eigenen Gedanken ließen ihn schaudern. "Unfortunately, Global Network News has somehow found out that it is a secret of enormous **importance**. Thank God you don't know what it's about. But Michael Hunter, as **ruthless** as he is, has offered twenty thousand ecus to anybody who can **unravel** the **secret**."
Ben, diese neugierige Ratte, dachte ich. Das kann nur er gewesen sein. Was für ein Fressen für einen Chefredakteur! Klar, dass der Sender dafür eine hohe Belohnung aussetzte.
"Some reporters **have succeeded** in **hacking into** the GLOSA network

despite our **encryption**", erklärte Blix. "Therefore, we cannot allow Julius Sternau's data to be sent **electronically**."

Plötzlich wurde mir klar, warum wir hier waren. Ich erinnerte mich, dass Blix am Interphon von drei *Boten* gesprochen hatte, die unverdächtig wären.

"We must deliver the secret to Julius Sternau in an **inconspicuous** way", erklärte Logan.

"And this inconspicuous way is us three", sagte ich.

"A young man visiting his father in Chile **accompanied by** his friends." Blix nickte bestätigend. "It was your father's idea. He said you're **reliable**."

Zum ersten Mal in meinem Leben fürchtete ich, mein Vater könnte sich in mir täuschen. Ich war mir nicht mehr sicher, ob ich überhaupt noch wissen wollte, was für ein schreckliches Geheimnis sich hinter dem Code verbarg.

Jetzt erhob sich auch Logan. "Your father **has transmitted** all the data about his frightening discovery to us in **encrypted** form", sagte er zu Allan. "There are only a few people in the world who can **decrypt** it."

Der Professor öffnete eine Lade und entnahm ihr eine DVD. Die Hülle zeigte ein etwas merkwürdig designtes Raumschiff im All.

"Star Wars", sagte John, der alte Science-Fiction-Filme sammelte. "I know that film."

despite trotz
encryption Verschlüsselung
electronically elektronisch
inconspicuous unauffällig
accompanied by in Begleitung von
reliable zuverlässig
to transmit übermitteln
encrypted verschlüsselt
to decrypt entschlüsseln

"It's from the last century." Logan lächelte, wurde aber gleich wieder ernst. "But there's no film on this disc. The message from Doctor Morefill and Professor Gribbin is **stored** on it."

Blix übernahm wieder das Wort. "Your **task** is to deliver this DVD to Doctor Sternau as fast as **possible**. You must give it to him **personally** and not to anyone else."

Ich kam mir vor wie in einem Spionagefilm. Ich sollte meinem eigenen Vater eine verschlüsselte DVD überbringen, deren Inhalt die Welt ins Chaos stürzen konnte.

"It's terrible to think what will happen if the information falls into the wrong hands!", ermahnte uns Logan.

"What was discovered on the GSS?", hakte ich nach. "I simply want to know what is so secret."

Die beiden Wissenschaftler sahen sich kurz an, dann sagte Blix: "Believe me, I would really like to tell you more about this unusual mission. However, we have to be **absolutely** certain before anything is **revealed**."

Ich verstand. Die Wissenschaftler waren sich ihrer Entdeckung nicht ganz sicher, deshalb behielten sie alle Informationen für sich, bis mein Vater die Sache überprüft hatte.

Ralf Logan schärfte uns noch einmal ein: "Not a **single** word about what was **supposedly** discovered is allowed to reach the public. It would immediately **trigger** a **catastrophe**."

stored gespeichert
task Aufgabe
possible möglich
personally persönlich
absolutely absolut
revealed aufgedeckt
single einzig
supposedly angeblich
to trigger auslösen
catastrophe Katastrophe

"The E-O-T code *is* a catastrophe", meinte Allan.

Blix blieb stehen. "Tommy, that's why your father doesn't want us to reveal the secret even to you. He'll explain it to you himself."

Ich nahm die DVD an mich und schob sie in die Innentasche meiner Jacke. Allan, John und ich fühlten, dass wir jetzt die Hüter einer Botschaft waren, die die Welt für immer verändern konnte. Und andere jagten hinter dieser Botschaft her.

"Is it really that serious?", fragte ich.

"That is what we must **assume**", antwortete Blix. "Bradley will bring you back to London. From there, you're going to take a normal **scheduled flight** to Chile, so as not to **raise suspicion**. Your trip is prepared."

to assume sth von etw ausgehen
scheduled flight Linienflug
to raise suspicion Verdacht erregen

Logan öffnete eine zweite Schublade des Schreibtischs und zog drei Flugtickets des Reisebüros Hollyday heraus. Er drückte jedem von uns eines in die Hand. "Best of luck, boys. May God be with us all."

Snoop

5. Januar
Galileo College, London

In London schien die Nachmittagssonne. Wir betraten unser College und wussten sofort, dass etwas nicht stimmte.
"Normally, there are **hardly** any people in the library at this time", sagte ich.
"And there's an unusual **buzz** in the **corridors** and halls", stellte Allan fest. "What's happening here?"
Die Stimmen klangen abgehackt und wild durcheinander. Ich ging in die Bibliothek. Allan und John folgten mir. Schüler und Professoren standen in Gruppen zusammen, redeten, diskutierten und gestikulierten aufgeregt.
"Oh God, I should have known", sagte ich.
Ben. Über seinen Armbandcomputer spielte er seinen Vater in das Interphon ein. Michael Hunters Gesicht schwebte als Plasmahologramm vor der aufgebrachten Menge in der Luft. Wir hörten gerade noch den Schluss seiner Rede: "… the E-O-T code has **apparently** been issued. Are the scientists keeping something of great public importance from us? Dr. Julius Sternau **refused** to be interviewed by me. There seems to be a total **news blackout**."
"That damn snoop", raunte ich John und Allan zu.

snoop Schnüffler(in)
hardly kaum
buzz Aufregung
corridor Gang
apparently offenbar
to refuse ablehnen
news blackout Nachrichtensperre

"How does he even know about E-O-T?", fragte Allan. "When I got up last night I stumbled on a **cable**. Suddenly Ben was standing in my room. He **spotted** the Interphone and the E-O-T projection."

"Oh shit", fluchte John.

In diesem Moment entdeckte uns Ben.

"Here they are!", rief er triumphierend.

"What's going on, Ben?", fragte ich und setzte ein möglichst ahnungsloses Gesicht auf.

"You three know what's happening."

"What are you talking about?"

"Your father knows something, Tommy. What are these scientists hiding from us?" Im Nu umzingelten uns Mitschüler und Professoren. Alle glaubten, Dad verheimliche etwas.

"We haven't a clue, Ben. Really we haven't." Ich hoffte, Ben davon überzeugen zu können, dass wir ebenso im Dunkeln tappten wie er. Ohne Erfolg.

"What does your father mean by the 'End of Time Union'?"

"Union what?"

"The End of Time Union. The best scientists in the world have joined it."

"He never told me anything about it." Das war nicht gelogen, ich hatte wirklich noch nie etwas von einer Union am Ende der Zeit gehört.

Ben ließ nicht locker. "This union **has** only **existed** for a few days. These scientists **exchange** encrypted information within the union."

"For what **purpose**?"

cable Kabel
to spot erspähen
to exist bestehen
to exchange austauschen
purpose Zweck

"We thought you could tell us." Ben grinste mich fies an. Er genoss die Rolle des fragenden Reporters, dem wir Rede und Antwort stehen mussten. "It seems your father is the head of the union. We **intercepted** a conversation."

to intercept mithören
to come up with sth sich etw einfallen lassen
to do research recherchieren
to deny bestreiten
several mehrere
physicist Physiker(in)

"I don't know anything about it", beteuerte ich mit aller Unschuld, die ich aufbringen konnte, und hob abwehrend die Hände.

"Stop lying", fuhr Ben mich an. "You weren't at school today. Why not?"

Langsam wurde es eng. Ben war nicht blöd. Und er hatte zweifellos Talent zum Schnüffeln.

"If there are no sensational facts to report, you'll just have to **come up with** some", versuchte ich mich rauszuwinden.

"Not this time, Tommy", beharrte Ben. "After I saw the E-O-T message this morning, my father **did** some **research**. Although the scientists **deny** everything, GNN intercepted **several** encrypted e-mails that were exchanged between different astronomers, **physicists** and aerospace technicians. Your father was among them."

Daher wehte also der Wind! GNN hatte Hacker auf die GLOSA angesetzt, die geheime Nachrichten abgefangen hatten. Ben erklärte weiter, dass manchen Wissenschaftlern die an sie gerichteten codierten Nachrichten von GNN vorgelegt worden waren. Daraufhin hatten sie zugegeben, dass Botschaften verschlüsselt übermittelt wurden. Sie behaupteten aber, die Inhalte der Schreiben dienten reinen Forschungszwecken und seien nicht von öffentlichem Interesse. Weitere Kommentare über Details lehnten sie alle ab. Uns wurde klar, dass unser Fehlen im Unterricht Bens Verdacht, etwas Merkwürdiges sei im Gange, noch verstärkt hatte. Die Sache spitzte sich zu. Instinktiv wanderte meine Hand zur Brusttasche meiner Jacke. Ich fühlte die eckigen Umrisse der DVD-Hülle.

"You want to know what we think? Scientists who send each other encrypted messages are hiding something of great importance", behauptete Ben. Aber das war natürlich Quatsch, das wusste er so gut wie wir.

Es war still geworden in der Bibliothek. Eine Menge Augenpaare starrten uns erwartungsvoll an.

"Come on, Tommy, tell us what you know." Ben lächelte und schlug mir scheinbar freundschaftlich auf die Schulter, wobei er sich geschickt an meiner Jacke zu schaffen machte. Ich sah noch, wie die DVD aus meiner Innentasche rutschte, schon war es zu spät, sie aufzufangen. Das Geräusch sprengte die Stille. Die Hülle öffnete sich und die silbrig glänzende Scheibe kullerte über den Boden. Eine Hitzewelle schoss durch meine Adern. Für eine Sekunde stand ich wie gelähmt da.

"Hey, take a look at this", sagte Ben und bückte sich. "Star Wars." Er hob die Scheibe auf und betrachtete sie.

"Give it to me, Ben", sagte ich so ruhig, wie ich nur konnte. Unter dem T-Shirt rann mir der Schweiß in Strömen den Rücken hinunter.

Ben drehte und wendete die DVD. Dann sah er mich an. "Star Wars", sagte er schließlich und rümpfte die

Nase. "You should watch Star Trek instead. It's much better." Er reichte mir die DVD.

Hinter mir hörte ich John und Allan erleichtert aufatmen. "Thanks, Ben. I'll **keep** your tip **in mind**." Ich nahm die Scheibe, hob die Hülle vom Boden auf und verließ wortlos die Bibliothek. John und Allan folgten mir auf mein Zimmer.

"What now?", fragte John, als er die Tür hinter uns geschlossen hatte. Er klang verunsichert.

"Are you thinking the same thing as me?", fragte ich.

"Galileo College is an elite school. Only about one in a hundred thousand **applicants** gets a **place** here", sagte John.

Er hatte recht. Monatelang hatten wir uns auf die Aufnahmeprüfungen vorbereitet, bis in die Nacht hinein Mathematik, Physik und Robotik gebüffelt, während unsere Freunde Fußball spielten, in Urlaub fuhren oder sich in der Disco amüsierten. Und jetzt?

"Our **behaviour** today broke the school rules in more than one way. **Unexcused absence** from our lessons and the campus. We could be **kicked out** of the college", sagte ich. Was, wenn hinter all der Geheimnistuerei ein Irrtum steckte? Wenn sich die Entdeckung von Johns und Allans Vätern in der GSS nicht bestätigen ließ, nachdem wir die DVD überbracht hatten? Setzten wir unseren Lebenstraum, unsere Zukunft für eine Nachrichtenente aufs Spiel?

Wieder tastete ich nach der DVD.

to keep sth in mind sich etw merken
applicant Bewerber(in)
place Studienplatz
behaviour Benehmen
unexcused absence unentschuldigtes Fehlen
to kick sb out jdn rausschmeißen

"Why **are** they **going to** all this **trouble**? The GLOSA ONE? Albert Blix and Ralf Logan?" Ich verspürte den dringenden Wunsch, Dad anzurufen. Aber GNN hatte sich bestimmt längst in die Leitungen eingehackt. Noch eine Unvorsichtigkeit konnte ich mir nicht leisten.
"Have you got your **plane tickets**?"
John und Allan nickten.
"If these reports have something to do with what we've experienced today", sagte ich, "then some strange, **unique** danger **is threatening mankind**."
"So, that means we**'ll take on** this mission", sagte Allan. "Even if they kick us out of the college?"
"Do you have any idea why your father **founded** the union?", fragte John.
"If this is what I think it is, we don't need to worry about the college at all anymore", sagte ich.
Draußen näherten sich aufgebrachte Stimmen.
"I've got my ticket", sagte John.
"They're in Tommy's room", hörte ich Ben draußen rufen.
Ich öffnete das Fenster. Glücklicherweise hatte ich ein Eckzimmer im vierten Stock. Das Regenrohr war unser Fahrstuhl nach unten.

to go to trouble
sich Mühe machen
plane ticket
Flugticket
unique
nie dagewesen
to threaten
bedrohen
mankind
Menschheit
to take on sth
etw auf sich nehmen
to found
gründen

Ankunft

6. Januar
Chilenische Anden

"Welcome to the La Silla Observatory", sagte Kevin, der Pilot des Helikopters, der uns vom Flughafen in Santiago abgeholt hatte, und nahm den Helm ab. "Take off your **seatbelts**."
Er sprang aus dem Heli, lief um dessen dunkelblaue Nase herum und öffnete unsere Tür. Wir kletterten ins Freie.
"La Silla. Wow!" John, der zum ersten Mal hier war, verschlug es fast den Atem. "The observatory is even more **imposing** in real life than on the pictures I've seen. It looks like a bridge to the sky."
"On TV it looks like a city in the clouds", meinte Allan.
Vor unseren Augen breitete sich ein endloser Teppich aus Berggipfeln aus, der weit in der Ferne die Sonne berührte. Auf dem Bergkamm von La Silla ragten ohrenähnliche Spiegelteleskope aus den Felsen. Im Sonnenlicht blinkten die silbrigen Kuppeldächer der Observatorien, die wie Iglus über den Berg verstreut waren.
Schmale Straßen verbanden die Gebäude, Unterkünfte und Laboratorien wie Adern verschiedene Organe in einem Körper. Hoch leistungsfähige Computer bildeten das Herz von La Silla und erweckten das Observatorium zum Leben. Dieser Ort mit seinen einzigartigen Teleskopaugen erlaubte den Wissenschaft-

seatbelt
Sicherheitsgurt
imposing
imposant

lern einen tiefen Blick in die unendlichen Weiten des Alls.

"C'mon, let's go!", sagte Kevin. "I suggest you go **straight** to the VLT. **In the meantime** I'll take the DVD to your father, Tommy."

"I'm only allowed to give it to him personally, Kev."

"I know, but an **unexpected** problem **has cropped up**."

"What problem?"

"It's too **complicated** to explain. You can give me the DVD, Tommy. Lars has to decrypt it before your father can work with it. So that's all right."

Ich zögerte, gab Kevin dann aber die DVD. Wo konnte er hier oben schon hin damit. Und Lars Winter war ich schon begegnet, er war Spezialist für Datenverschlüsselung. Ich verdrängte mein leichtes Unbehagen.

Kevin steckte die Scheibe ein. Dann deutete er auf den Wegweiser zum VLT und ging eilig in die andere Richtung davon. Wir setzten uns in Bewegung.

"I know it's **embarrassing** but I'm afraid I forgot what the VLT is", sagte John, der sich am College gerade intensiv mit dem Verhalten von Plasma unter Schwerelosigkeit beschäftigte und seinen Kurs in Beobachtungstechnik aufs nächste Trimester verschoben hatte.

"It's short for Very Large Telescope", klärte Allan ihn auf. "It's the most **highly developed optical** instrument in the world."

straight direkt
in the meantime in der Zwischenzeit
unexpected unerwartet
to crop up auftauchen
complicated kompliziert
embarrassing peinlich
highly developed hoch entwickelt
optical optisch

"That's right", bestätigte ich. "If there was a car parked on the moon, the telescope would be able to tell what **make** it was."

make Typ
virtual virtuell
to convert verwandeln
image Bild
artificial künstlich

Oral diary – Thomas Sternau
We just landed at La Silla. I'm really looking forward to seeing Dad again – and to finally finding out what's behind E-O-T.

Wie schon auf Mauna Kea musterte uns am Eingang eine Kamera. Wir nannten unsere Namen.

"Good", sagte eine Computerstimme. "We're already waiting for you."

Die Tür zischte. Wir gingen durch eine Schleuse, gekühlte Computerluft und der Geruch von Kabeln stieg mir in die Nase. Es war, als hätten wir einen Zeitsprung in die Zukunft gemacht.
"Wow!", staunte John.
"The whole auditorium is basically a single, **virtual** plasma projection", erklärte ich. "The computer **converts** a live **image** from the VLT into 3D."
Wir hatten den Eindruck, mitten im All zu stehen und den Mond berühren zu können, so stark vergrößerte das VLT den Trabanten. Ich streckte meine Hand danach aus, doch sie glitt durch ihn hindurch, als sei er ein Gespenst. Rechts vor uns hing eine Silberkugel mit Antennen von der Decke, die wir sofort erkannten.
"Sputnik 1", sagte Allan nur.
John und ich nickten. Unter der Kugel erschien eine Erläuterung: *Sputnik 1 was the first **artificial** satellite*

produced *by mankind, which Russia sent into the Earth's* ***orbit*** *in 1957. Space travel began with this metal ball, which is only about twice the size of a basketball.*

Auf Schritt und Tritt schwebten Zahlen, Kurven und Sternbilder als Hologramme frei im Raum.

Im Schneckentempo schlichen wir durch die Eingangshalle zum Kontrollraum. Durch dessen geschlossene Tür hörten wir jemanden sprechen und horchten.

"Three voices", sagte John, "one of them seems to be a girl's voice. A very **determined** girl."

"Maria", sagte Allan.

Ich spürte, wie mein Herz einen Sprung machte. Allans Schwester Maria arbeitete in La Silla als Ingenieurin. "Yes, it must be her", bestätigte ich glücklich. Ich fragte mich einen Moment lang, ob die beiden gemerkt hatten, dass Maria mir seit Allans letzter Geburtstagsparty vor zwei Monaten nicht mehr egal war.

"The second voice is clearly Dad's", sagte ich. "He seems to be angry."

Die dritte Stimme ließ uns erstaunt aufhorchen. Sie krächzte kehlig.

"Only one person has a voice like that", stellte Allan finster fest. "There's no **doubt** who that is."

"Well then, let's go in", sagte ich und klopfte an die Tür.

"Come in!"

to produce herstellen
orbit Umlaufbahn
determined entschlossen
doubt Zweifel

Revelation

6. Januar
La Silla Observatorium

Im Kontrollraum schwebten zahlreiche Bilder, Zahlen und Planetensimulationen in 3D über Kommandokonsolen. Mittendrin stand ein Couchtisch. Mein Vater, Maria und eine dritte Person, die uns den Rücken zuwandte, saßen um den Tisch.
"Is it him?", flüsterte John.
"I'm not sure", antwortete ich leise.
Maria lächelte, als sie uns erkannte.
"Finally!" Dad stand auf und umarmte mich. Mit seinem kantigen Kinn und seinen grauen Strähnen in den glatt nach hinten gekämmten schwarzen Haaren besaß mein Vater das, was seine Kollegen *aura of wisdom* nannten. Wenn Julius Sternau etwas zu sagen hatte, hörte man ihm zu. "I'm so **glad** that you made it here all right." Dad wandte sich dem Mann zu, der uns seinen Rücken zeigte. "May I introduce to you my son, Tommy, and his friends, Allan Morefill and John Gribbin."
Der Mann blickte uns für einen Moment wortlos an, grinste, erhob sich und schüttelte uns die Hände. "Ben has already told me a lot about you", sagte Michael Hunter. "Nice to meet you all."
Maria warf mir einen skeptischen Blick zu, als hätte sie meine Gedanken gelesen. Ich fühlte mich, als stünde ich einen Meter neben mir. Was war hier los?

revelation Enthüllung
glad froh

"Mr Hunter has come to La Silla because he does not believe that it's normal for scientists to **impose** a news blackout when they've made a discovery that has yet to be **verified**", sagte Dad.

"My son Ben **attends** Galileo College, just like your son, Mr Sternau", sagte Hunter unbeirrt. "E-O-T, as he says, is only issued in the **rarest** of cases. So, out with it! What do you know?"

In diesem Moment erfüllte ein Summen den Raum. Der Computer aktivierte sein Hologrammmodul. Dann projizierte er zwei 3D-Gesichter in den Kontrollraum, das von Kevin und das von Lars, Dads übergewichtigem Gehilfen in La Silla.

"The plasma holograms seem so real, it's as if both of them had twin brothers", flüsterte ich John zu. "You can even see the **tattoos** on Lars' **bald head**."

Lars war ein Weltraumfanatiker. Er hatte sich tatsächlich eine Glatze scheren und ein Bild von der Erde auf den Oberkopf tätowieren lassen

"Crazy. **What's the point of that?**", fragte John.

"Maybe he wants **aliens** to know where he's from in case they **kidnap** him", kicherte Allan.

"The data is ready for **analysis**", sagte Lars.

Dad wandte sich mit ausgesucht höflichem Lächeln an Michael Hunter. "I must ask you to leave us now, Mr Hunter. As you see, my work is calling."

to impose verhängen
to verify bestätigen
to attend besuchen
rare selten
tattoo Tätowierung
bald head Glatzkopf
What's the point of that? Was soll das?
alien Außerirdischer
to kidnap entführen
analysis Analyse

"Not before I know what is going on here, Sternau." Hunter blieb unbeeindruckt sitzen.

"I'm very sorry, Mr Hunter, but you leave us no other **choice**. Lars!"

Das Hologramm erlosch. Einen Augenblick später ging die Tür zum Kontrollraum auf und Lars in natura füllte den Türrahmen aus.

"Lars, Mr Hunter would like to leave. Could you please make sure that he finds the way out?"

choice Wahl
media exposure Medienaufmerksamkeit
bribery Bestechung

Lars ging entschlossen auf Hunter zu, um ihn hinauszukomplimentieren.

"Wait!" Hunter zog seine letzte Karte. "Sternau, I'm offering you 500,000 Ecus for the information behind E-O-T. And I'll give you lots of **media exposure**. How about that?"

Lars horchte merklich auf, als er den Geldbetrag hörte. Er zögerte.

Nicht so Dad. "That's **bribery**", sagte er angewidert und ließ alle Höflichkeit fahren. "Get him out of here, Lars!"

Es dauerte mehrere Minuten, bis Dad sich nach Hunters Bestechungsversuch wieder etwas beruhigt hatte. Wir drei standen immer noch unentschlossen neben der Tür herum, bis die Meldung kam, dass Hunter das Gebäude verlassen hatte.

"I think it's time to tell you why we've brought you here", sagte Dad schließlich. "Please all take a seat."

Wir nahmen auf den freien Stühlen Platz und Maria setzte sich an einen Computer. "Hologram projector on."

"Activated", antwortete eine mechanische Frauenstimme.

"**Dim** the lights", sagte Maria.

Der Raum verdunkelte sich.

"Computer: Hologram 1."

Sekunden später schwebte ein 3D-Modell des nächtlichen Himmels im Kontrollraum.

"As you know, we've been looking **deep** into space for years from the GSS", erläuterte Dad. "We are basically looking into the past **in the process**; you know why. We see light that has been on its way towards Earth for such a long time that the sun which once emitted this light **has long since exploded** into a supernova."

"For me it's still **amazing** that we can see stars and planets which no longer exist", sagte John.

"Well, what we see is just the light they once **emitted** or **reflected** before they died", fügte ich an.

"In this case I wish it were like that", sagte Dad und seine Stimme klang anders als sonst, wenn er einen seiner wissenschaftlichen Vorträge hielt.

Ich hielt den Atem an. In den nächsten Minuten würden wir die Wahrheit erfahren. Dad gab Maria ein weiteres Zeichen mit der Hand.

"Computer: Hologram 2", sagte Maria.

Eine zweite Simulation des Alls wurde in den Raum projiziert. Ich brauchte ein paar Sekunden, bis ich mich orientiert hatte. Dann verstand ich plötzlich, was Dad meinte. Es war ein Schock.

to dim dimmen
deep tief
in the process dabei
long since längst
to explode explodieren
amazing erstaunlich
to emit ausstrahlen
to reflect reflektieren

"Take a close look at Hologram 1", sagte Dad. "It shows space beyond our **solar system**. This picture was taken by the Kepler telescope on the GSS in January last year."
Wir starrten gespannt auf die Hologramme.
"They look almost exactly alike", murmelte Allan.
John nickte. "But only almost."
Auf den ersten Blick sahen die beiden Hologramme tatsächlich gleich aus. Aber wie bei einem Suchbild gab es einen kleinen Unterschied.

solar system Sonnensystem
exact genau
secrecy Geheimhaltung

"But that's not possible", flüsterte Allan uns zu. "In such a short time?"
Meine Handflächen begannen zu schwitzen.
Beide Simulationen zeigten den Rand unseres Sonnensystems. Jupiter und Saturn schwebten als grelle Lichtpunkte am rechten unteren Rand der Hologramme. Im Hintergrund, ein kleiner Lichtpunkt nur, zog Neptun seine Bahn um die Sonne.
"Hologram 1", sagte Dad, "was taken from the **exact** same coordinates as Hologram 2, but one year later. Yesterday, to be exact."
"What is this?", fragte Allan.
In Hologramm 2, gleich hinter Neptun, schwebten zwei Lichtpunkte, die auf Hologramm 1 fehlten.
Ich erstarrte. War es Faszination, Ehrfurcht oder Entsetzen? Meine Finger krallten sich in meine Jacke.
"All this **secrecy** because of two comets?", fragte Allan.
Dad sagte fast ohne Ton in der Stimme: "These are not comets. What you see next to Neptune are two planets

from a **distant** solar system in our **neighbouring galaxy**, Andromeda. It's about 2.5 million light years away from us."
Ich biss mir auf die Unterlippe. Wollte ich den Rest überhaupt noch hören? Ich musste mich zwingen, sitzen zu bleiben.
"In the past the sun of this system **expanded** into a supernova and then exploded. Both of the **outer** planets of this solar system – we call it Alpha 1 – were **catapulted** into the **depths** of space."
Ich beobachtete John und Allan. Genau wie ich mussten sie die Vorstellung, dass zwei Planeten aus einem fremden Sonnensystem plötzlich in unserem eigenen auftauchten, erst verarbeiten.
"How large are these planets?", fragte ich.
"The larger of the two, we call it Exitus, is **approximately** nine times the size of the Earth; the smaller one, Genesis, is about the same size as the Earth."
"Why two planets?", fragte John.
"The **gravity** of Exitus keeps Genesis in a **constant** orbit. Genesis is now **practically** a moon of Exitus, and therefore follows it on its flight through space."
"Which **course** are the planets following?", fragte ich.
Dad schwieg ein paar Sekunden lang. "I first have to check the data from Ron und Paul", sagte er dann. "I do hope that they are wrong."

distant fern
neighbouring benachbart
galaxy Galaxis
to expand sich ausbreiten
outer *hier:* sonnenfern
to catapult schleudern
depth Tiefe
approximately ungefähr
gravity Schwerkraft
constant gleichbleibend
practically praktisch
course Kurs

Interview

7. Januar
La Silla Hotel

Als wir am nächsten Morgen aufstanden, hatten wir sofort das Gefühl, dass etwas nicht stimmte.
"Why is the VLT out of operation?", wunderte sich John auf dem Weg zum Frühstücksraum.
"There isn't a soul in the hotel corridors", stellte ich fest. "The chairs are still on tables in the breakfast room."
"Maybe an **epidemic** broke out", witzelte Allan.
"I'm afraid it's something much worse", sagte ich und deutete auf den TV-Raum.

epidemic Epidemie
to approach sich nähern
unimaginable unvorstellbar
speed Geschwindigkeit

"Oh, no", stöhnte Allan. "Hunter!"
Eine Menschentraube drängte sich vor dem Eingang. Die Leute starrten angespannt in das Zimmer. Niemand wagte zu sprechen. Gespenstisch. Eine einzige Stimme drang auf den Gang heraus – ein kehliges Krächzen. Michael Hunter war gerade dabei, die Welt für immer zu verändern. Die Leute sammelten sich um sein Hologramm. Ein überlegenes Grinsen umspielte seine Mundwinkel, während Gesicht und Tonfall den professionellen Ernst eines Nachrichtensprechers zur Schau trugen.
"Two planets **are approaching** the Earth at an **unimaginable speed**."
Ein Murmeln ging durch das Zimmer.

"We know about this from a reliable **source**."

"How is that possible?", fragte mich Allan. "Your father threw him out, didn't he?"

"If you ask me I suspect Lars", sagte ich und dachte an dessen Reaktion gestern auf Hunters "Angebot" und daran, dass er derjenige war, der die Daten auf der DVD dekodiert hatte.

"Hunter probably offered him a **fortune** for a copy of the DVD after they had left the control room", vermutete John.

"What an idiot! Obviously he has no idea of the **havoc** he caused by doing that", sagte ich.

Michael Hunter sprach weiter: "We at GNN are bringing you the latest information on the discovery made on board the GSS. As **chief correspondent** of Global Network News, I, Michael Hunter, can **confirm** the following facts: Twelve months ago, the astrophysicists Ron Morefill and Paul Gribbin, who are **stationed** on board the GSS ..."

Minuten später herrschte unter den Angestellten von La Silla hellste Aufregung. Dass Exitus und Genesis nur ein Jahr nach ihrer Entdeckung so deutlich im All zu sehen waren, bedeutete, dass sie sich mit ungeheurer Geschwindigkeit durch den Raum bewegten – genau auf unser Sonnensystem zu. Die Wissenschaftler rätseln, welches interstellare Phänomen sie so lange unsichtbar gemacht hatte.

Wieder war Michael Hunters Stimme zu hören: "**Due to** the gravity of Exitus, both planets **have remained**

source Quelle
fortune Vermögen
havoc Chaos
chief correspondent Chefreporter(in)
to confirm bestätigen
stationed stationiert
due to wegen
to remain bleiben

together. The planets of our solar system all move more or less on one **plane** around the sun."

Schlagartig verstummten die Leute, als ahnten sie, worauf Michael Hunter hinauswollte.

"Exitus and Genesis, however, are approaching us on a **trajectory** that is almost **perpendicular** to the orbits of our solar system's planets ..."

Manchen Hotelangestellten klappte der Mund auf. Planetenbahnen, die sich kreuzen!

plane Ebene
trajectory Flugbahn
perpendicular senkrecht
to revolve umkreisen
to observe beobachten
up to now bisher
to consider sth possible etw für möglich halten

"Genesis **is revolving** around Exitus, and the positions of both bodies are constantly changing. Since GLOSA **has been observing** the two planetary bodies, they have already reached the orbit of Uranus. These are the facts we know **up to now** ..."

Ein nervöses Raunen erfasste die Menge. Hände kramten in Hosentaschen nach Interphons, Nummern wurden eingetippt, gleich darauf Familien und Verwandte informiert.

Für Michael Hunter interessierte sich plötzlich niemand mehr. Auch nicht für die Tatsache, dass Exitus und Genesis mit dem Eindringen in unser Sonnensystem endgültig der Anziehungskraft der Sonne ausgeliefert waren. Da sie aber aus dem interstellaren Raum kamen, war ihre Geschwindigkeit viel höher als die "unserer" Planeten.

"The sun's gravitation will slow down both of the planets and change their trajectories", sagte John. "Scientists even **consider** it **possible** that planets can be

torn out of our solar system", meinte Allan. "For this to happen, one star has to approach our sun close enough to **offset** its **gravitational pull**, then its planets would be catapulted through space."
"In such a case, the Earth would wander through outer space forever", sagte ich.
Michael Hunters Stimme wurde wieder lauter: "That's why I have invited no one less than Dr. Julius Sternau's assistant to the studio. Welcome, Mr Lars Winter ..."
Aha, dachte ich, Volltreffer.
"What **effect** will the approach of both planets towards our sun have on the Earth?", fragte Michael Hunter.
"We can't say that yet."
"But there will be effects?"
"Of course."
"Serious ones?"
Lars schwieg kurz. "We can't **determine** that yet."
"Will the Earth be **endangered**?"
Hunter ließ nicht locker, wie ein Bluthund, der seine Beute geschnappt hatte.
"The **conditions** on Earth will change enormously", antwortete Lars ausweichend.
"What kind of changes are you talking about, Mr Winter?"
"I think Dr. Sternau will **announce** that in a later statement", sagte Lars. "As soon as the scientists are **certain** about the **disruptions** that are to be expected, you'll find out about them."

to tear (tore, torn) reißen
to offset ausgleichen
gravitational pull Anziehungskraft
effect Wirkung
to determine feststellen
to endanger gefährden
condition Bedingung
to announce bekannt geben
certain sicher
disruption Störung

"When can we expect to receive this explanation?"

"As soon as possible. If life is in danger, scientists will be **obliged** to inform governments, so that rescue operations can be started."

obliged verpflichtet
to admit zugeben

Maria hatte uns entdeckt. Sie drängte sich durch die aufgeregte Menge hindurch und klammerte sich an Allan und mich. Ihr Gesicht war blass. Kein Wunder. Niemand konnte den bestürzenden Unterton der Meldung missverstehen. Sie kündigte eine ungeheure Veränderung der Lebensbedingungen auf der Erde an. Eine Veränderung, die jeden Albtraum in den Schatten stellen würde.

Michael Hunter verabschiedete sich. Das Hologramm erlosch.

"The scientists know a lot more than they**'re admitting**", sagte John zu uns.

Rescue Plan

7. Januar
Pudahuel, Santiago de Chile

Es regnete nicht mehr, es schüttete. Maria und ich kamen gerade vom Einkaufen zurück. Wir waren durchnässt bis auf die Haut, als wir bei Dads Haus im Stadtviertel Pudahuel ankamen. Hier verbrachte Dad die Wochenenden, wenn er nicht in La Silla arbeitete. Zurzeit wurde es von Polizisten bewacht. Übertragungswagen, mobile Radiostationen, Fotografen und Reporter drängten sich auf der Straße. Wir arbeiteten uns geduckt bis zu einem Polizisten vor, der uns kannte und durch die Absperrung ließ.

Dad war gegen Mittag mit uns in die Stadt geflogen, um die Fragen anderer Reporter zu beantworten. Zwei Stunden hatte die Pressekonferenz gedauert. Nun verweigerte er weitere Interviews, was die Rundfunkleute erboste. Aber Michael Hunter hatte durch seine sensationslüsterne Meldung schon genug Schaden angerichtet. Der Startschuss für das Chaos war gegeben. Wozu noch mehr Raum für Spekulationen öffnen und so zusätzlich Öl ins Feuer gießen?

Dad schloss den Rollladen. Er kam ins Esszimmer herüber und wir setzten uns zu Tisch.

"**Bon appetit!**", sagte Maria, aber die Ereignisse hatten uns allen auf den Magen geschlagen.

"Dad, what do you really know? What exactly did they discover on the GSS?"

Bon appetit!
Guten Appetit!

In diesem Moment aktivierte sich Dads Interphon. Gleichzeitig mit ihrer Stimme erschien das Hologramm meiner Mutter. Ihre großen grünen Augen schienen uns mit vorwurfsvollen Blicken zu durchbohren. "Julius, what was Lars talking about on GNN?"

"Hi, Mom." Ich winkte in die Kamera.

Mom riss die Augen auf. "**How come** you're not at the College, Tommy? The director called me. **What in the world is going on**, Julius?"

"I'm not allowed to tell you that, darling. Not on the phone. There's a news blackout. I want you to come to La Silla right away."

"No way. You know that I can't get leave here **any time soon**; my book **is coming out** and ..."

"Darling, I wouldn't ask you if there wasn't a good reason for it. You must come. Immediately!" Dads dringlicher Appell wirkte.

"Is it really that bad, Julius?"

"E-O-T was issued, Mom", sagte ich unvorsichtigerweise, was mir ein missbilligendes Stirnrunzeln von Dad eintrug.

"Just drop everything and take the next flight. Do you promise?", sagte Dad.

Sie zögerte einen Moment. "I promise, Julius."

Sekundenlang herrschte betretenes Schweigen.

"I love you two."

"We know you do, darling, we love you too."

"You will **take care of** yourselves!"

how come wieso

what in the world was in aller Welt

to go on vor sich gehen

any time soon in absehbarer Zeit

to come out erscheinen

to take care of oneself auf sich aufpassen

"We will, Mom", versprach ich. "Looking forward to seeing you."
Moms Hologramm erlosch, gleichzeitig aktivierte das Interphon eine weitere Leitung. Die GSS. Doktor Morefill und Professor Gribbin, normalerweise immer gut gelaunt, wirkten ernst.
Auch Maria sah mich jetzt nachdenklich an.
"You knew it yesterday already, didn't you?", sagte ich zu ihr.
Sie nickte stumm. "I was so happy you were coming. I didn't want you to worry – any of you."
Dad lehnte sich zurück. Er holte tief Luft.

"Our **calculations** are correct, Julius", erklärte Allans Vater.
Ich sah Dad an. "Lars didn't know everything you know."
"No, not everything, Tommy."
John trat vor das Hologramm seines Vaters. "You know exactly what will happen, right, Dad?"

calculation Berechnung
to survive überleben

"Yes, we know. Or, rather, we believe we know what will happen, John."
Ein einziges schreckliches Bild erschien in meinem Kopf. Das Bild von einem Ereignis, das für mich bislang nur in Science-Fiction-Romanen existiert hatte.
"The world's going to end, right, Dad?", fragte ich.
Dad blickte mir tief in die Augen. "More than that."
"What can be more than that?", fragte ich.
"For a few people there may be a tomorrow after the apocalypse", sagte Dad. "The Earth will not **survive**. But some people may survive."

Some. Das Wort traf mich wie ein Speer mitten ins Herz. "What do you mean, Dad?" Aber die Antwort ahnte ich schon.

"We'll try to explain."

Die Erklärung von Dad, Morefill und Gribbin dauerte zehn Minuten, dann wussten wir Bescheid.

Exitus und Genesis waren ewige Zeiten durch den Weltraum gereist. Jetzt hatten sie unsere Sonne gefunden und würden sich an sie heften – auf unsere Kosten. Ihre Flugbahn führte sie dicht an die Erde heran. Und an einem Punkt würde Exitus genauso weit von der Sonne entfernt sein wie die Erde selbst. Die Bahnen würden sich erst kreuzen, wenn Exitus die Sonne zum zweiten Mal umrundete. Dann würde Exitus mit der Erde zusammenstoßen und sie vernichten. Genesis dagegen würde in sicherer Entfernung an der Erde vorbeiziehen.

"And is there no chance you've made a mistake in your calculations, Dad?", fragte ich in die entstandene Stille hinein.

collision
Zusammenstoß
to investigate
erkunden

"We have no doubt, Tommy. Exitus will destroy everything; every human being, every animal, every plant, simply everything left on Earth when the **collision** happens."

Allans Vater schaltete sich ein. "Through this collision Genesis will be torn out of its orbit around Exitus and will continue to revolve around the sun."

Allmählich dämmerte mir, worauf die Wissenschaftler hinauswollten. Zumindest glaubte ich das.

"**Have you been investigating** Genesis?"

"We've been **continuously** scanning the planets and have sent a **measuring probe**, Cassini 9, out from the GSS", erklärte Gribbin. "It is delivering **valuable** data about Genesis. This planet can perhaps save some of us."

Meine Gedanken überschlugen sich. Solche Pläne kannte ich bisher wirklich nur aus Science-Fiction-Filmen.

"You want to **launch atomic missiles** and **blow up** Exitus before it crashes into the Earth?"

Dad schüttelte den Kopf. "Forget TV, Tommy. First, it is **impossible**; the **explosive force** of all the **atom bombs** on Earth wouldn't be enough to do that. Second, even if it were possible, a rain of comets would then hit the Earth and destroy everything."

Es war also nicht möglich, Exitus mit Atomraketen zu sprengen. Aber was dann?

"But the missiles could **divert** its trajectory", vermutete Allan.

"That's also impossible. Exitus is far too big."

"What then, Dad?"

Unsere Nerven waren zum Zerreißen gespannt. Wie konnte Genesis uns retten?

"The E-O-T Union is working on that", sagte Dad. "On the **possibility** of reaching Genesis and continuing to travel with it around the sun, day by day, month by month, year by year."

continuously
ununterbrochen
measuring probe
Messsonde
valuable
wertvoll
to launch
starten
atomic missile
Atomrakete
to blow up
in die Luft sprengen
impossible
unmöglich
explosive force
Sprengkraft
atom bomb
Atombombe
to divert
abwenden
possibility
Möglichkeit

Die folgenden Erklärungen meines Vaters versetzten uns nur noch in Staunen.

"Cassini 9 **has detected** ice. And where there is ice, there is water. And water means life", sagte Allans Vater.

"The sun **is** slowly **thawing** Genesis?", staunte ich.

"A **slight** chance does exist that Genesis could be **brought back to life** by the **influence** of the sun and could form a **breathable layer of air**", sagte Dad. "According to our data, Genesis may once **have supported** life, like our Earth, and revolved around its own sun. A long, long time ago, far, far out in the depths of space. A world with animals, plants ..."

"What happened then?", unterbrach ich.

"The sun of Genesis exploded and sent it on its journey through the darkness of space. Everything on Genesis – life, rivers, lakes, oceans and the air – was **frozen**. The low temperatures **preserved** the planet in the condition it was in when its sun exploded. Although it has been wandering through space for millions of years, hardly anything has changed on Genesis since that time, except for a few **meteorite impacts**."

"If the planet thaws, there's a chance that this life will **reappear**. Maybe we'll even find **traces** of a civilization – roads, **vessels**, jewellery ...", sagte Johns Vater.

to detect entdecken
to thaw auftauen
slight leicht
to bring back to life wieder zum Leben erwecken
influence Einfluss
breathable atembar
layer of air Luftschicht
to support ermöglichen
frozen eisig
to preserve konservieren
meteorite impact Meteoriteneinschlag
to reappear wiederkommen
trace Spur
vessel Gefäß

"But it's also possible that there will be nothing at all", sagte Maria bedrückt.
Dad nickte. "Maybe. But it is our only chance. It's mankind's only chance."
"You're planning a space shuttle?", sagte ich. "A Noah's **ark** of the **human race**?"
"Spaceship Earth", bestätigte Dad. "148 people will have room inside it. Animals and plants as well."
Nur 148 von 12 Milliarden.
Wer?
Und konnte so eine Raumfähre überhaupt funktionieren?
Keiner sprach.
Stille.
"When are the Earth and Exitus going to **collide**?", fragte ich schließlich.

ark Arche
human race Menschheit
to collide zusammenstoßen

"On December 31st. This year", sagte Dad.
Ich schlug die Hand vor den Mund.
"Why has Hunter kept that secret?"
"Ron and Paul have encrypted the data with a personal code that only we three know", sagte Dad. "Even Lars wouldn't be able to break that code. This part of the DVD is a foreign language for him."
148 von 12 Milliarden.
In 335 Tagen.
Schweigen.

Panik

27. Januar
Mercado Central, Santiago de Chile

Um neun Uhr öffnete das Einkaufszentrum. Ich blieb vor einem Holocomputer stehen, auf dem GNN lief. Michael Hunter spekulierte in einem Interview mit Lars über mögliche Auswirkungen der nahenden Gefahr. Das beängstigende Gespräch sollte nicht ohne Folgen bleiben. Aktienkurse sanken, die Leute hamsterten Konserven, Wasser und Brot, und selbst wer sich sonst nie für Nachrichten interessierte, schaute jetzt GNN. Alle schienen zu spüren, dass sich ihr Leben auf beunruhigende Weise ändern würde.

disastrous katastrophal
tidal wave Flutwelle
to generate erzeugen
coastal city Küstenstadt
to sweep away wegfegen

"What is Hunter saying?", fragte Maria, als sie neben mich trat.
"If Exitus and Genesis pass by the Earth, it will be **disastrous**."
"He's right."
Ich erzählte, was Hunter noch gesagt hatte: Dass die Vereinten Nationen tagten und darüber berieten, welche Auswirkungen zu erwarten waren. Exitus werde auf der Mondbahn vorbeiziehen.
"But only the first time it passes by." Maria schauderte. Ich bewunderte, wie cool sie trotz allem blieb.
Der Rest des Interviews verursachte auch uns ein mulmiges Gefühl im Magen: "The **tidal waves generated** by Exitus will be about 150 meters high. **Coastal cities** all over the world **will be swept away**."

"What about **earthquakes** and **volcano eruptions**?", fragte Maria, als wir weitergingen.

"We'll have every kind of **natural disaster** you can think of", sagte ich. "Dad believes that only a quarter of mankind will survive the first **onslaught** of **nature's forces**."

"One quarter", wiederholte Maria. Wir blieben stehen und sahen uns an, als hätten Zeit und Existenz plötzlich jede Bedeutung, jeden Sinn verloren.

Sie ergriff meine Hand. "C'mon, let's go get the medicines your father wrote down for us. I believe they are part of a plan that also **involves** us."

earthquake Erdbeben
volcano eruption Vulkanausbruch
natural disaster Naturkatastrophe
onslaught Ansturm
nature's force Naturgewalt
to involve sb jdn einbeziehen
ruckus Krawall

Nach einer halben Stunde in der Apotheke strichen wir die letzte Position auf Dad's Einkaufsliste durch. Ich legte Geld auf den Tresen, da schrie plötzlich jemand im Hinterzimmer. Gleich darauf stürzte eine Verkäuferin von hinten in den Laden. Ihr Gesicht war bleich, sie zitterte am ganzen Körper. Wie unter Schock stehend zerrte sie ihre Kollegin in den hinteren Raum.

"What kind of **ruckus** is going on down there in the street?", wunderte sich Maria.

Leute rannten durcheinander. An einer Kreuzung übersah ein Fahrer die rote Ampel und rammte einen verrosteten Jeep. Auf der gegenüberliegenden Straßenseite, in der Auslage eines Hi-Fi-Geschäfts, flimmerten Hologramme. Eine Menschenmenge hatte sich vor dem Schaufenster versammelt.

"I think we should hurry back to La Silla", sagte ich und drückte Maria zwei von unseren Tüten in die Hand.
Wir traten auf die Straße hinaus. Die Sonne blendete, aber ich sah, dass sich immer mehr Leute vor dem Hi-Fi-Laden drängten. Rechts von uns, auf dem Gehsteig neben dem Eingang des Einkaufszentrums, hob ein Berber seine Schnapsflasche und prostete uns zu. Er roch, als wäre er gerade aus einem Müllcontainer gestiegen.
"Es geht den Bach runter!", lallte er auf Spanisch und lachte, als sei das ein großartiger Witz. "Die ganze blaue Kugel geht den Bach runter. Paff, weg! Einfach weg – für immer. Auf den Untergang der alten Erde. Das ganze Scheißding geht den Bach …"
Reifen quietschten und direkt vor unseren Füßen hielt ein Wagen. Die Beifahrertür ging auf, am Steuer saß Kevin. "Jump in! We have to get back to La Silla before total chaos breaks out."
Maria und ich warfen die Einkaufstüten in den Kofferraum und stiegen ein. In einem Affenzahn brachte uns Kevin zum Flughafen, wo der Helikopter wartete.

whatever was auch immer
death Tod

"The people know the whole truth now, right, Kev?", sagte ich.
"The union told them an hour ago."
Deshalb also die Aufregung. Jetzt wusste jeder, was bevorstand. Zumindest theoretisch.
"Suddenly, there's no point going to school, to work, or shopping anymore", sagte ich. "It no longer matters if someone is healthy or sick, poor or rich, or **whatever**. Only one thing is certain: **death**."

"Many people don't want to believe it. They're going crazy at the **thought** that they**'ll be wiped out** much like the **dinosaurs** once were", sagte Kevin.
"Do they know how much time they have left?"
"No. The date of the collision has not yet been announced."

Oral diary – Tommy Sternau
As of *today, people know that the world is going to end. Yet the union hasn't told them the exact date. I guess it's better that way; otherwise the panic would be terrible. Chaos everywhere.*

Eine Viertelstunde später saßen wir im Helikopter und überflogen Santiago. Ich sah aus dem Fenster. In den Straßen stand der Verkehr still. Tausende Menschen wuselten wie Ameisen umher, Blaulichter blinkten überall. Panik.
"In the future we won't be able to stay in the city any more", erklärte Kevin. "Dr. Sternau **has declared** Alert Phase 1 of 3."
"In the future!" Maria stöhnte. "Where does the future lie?"
Kevin zog den Heli steil nach oben in den Himmel.
"It lies in La Silla", sagte ich. "We have to finish Spaceship Earth **in time** and reach Genesis. That's the only chance we have."
"I could cry", sagte Maria. Ihre Augen fixierten einen fernen Punkt. Auch ihre Gedanken schienen in weiter Ferne zu sein. "Do you believe in God, Tommy?"

thought Vorstellung
to wipe out ausradieren
dinosaur Dinosaurier
as of ab
to declare verkünden
in time rechtzeitig

Mit so einer Frage hatte ich nicht gerechnet. Eigentlich glaubte ich nicht an Gott. Aber angesichts der Situation war die Frage verständlich. Und vielleicht gab es ihn doch?

coincidence Zufall
to pollute verschmutzen
sufficient ausreichend
to use up verbrauchen
profit Gewinn
to intervene eingreifen
remaining übrig
survivor Überlebende(r)

"Who is God? *What* is God?", fragte ich.
"This can't be a **coincidence**, Tommy."
"What, Maria?"
"Everything. I mean, people **pollute** the environment, despite the fact that they have **sufficient** clean technologies, which could be much cheaper than they are. Our world could be so beautiful."
"Instead they **used up** all the oil and are still burning coal. It's all about making **profit**", sagte ich.
Maria nickte. "So God **intervenes**."
Ich wusste, was sie meinte: Die Menschen waren Gott noch einen Versuch wert. Er beschloss, die Erde zu zerstören, weil wir nicht verstanden haben, welch einzigartige Insel des Lebens unser blauer Planet im Universum ist. Aber einige wenige würden eine zweite Chance bekommen. Deshalb schickte er Genesis auf den Weg. Vielleicht wären wir dann klüger. Gott schickte uns zurück an den Start.
"I don't believe in coincidences, Tommy. If Exitus leaves anything **remaining**, and some **survivors** reach Genesis, then it's because not everything we did was wrong."
Ich dachte nach. Möglich, dass Maria recht hatte. Es ging nur noch darum, die Menschheit zu erhalten. Der einzelne Mensch dagegen hatte keine Bedeutung

mehr. Wir durften nicht an uns selbst denken. Die Chancen, je auf Genesis zu landen, standen ohnehin nur bei eins zu vielen Millionen.

"Dad**'s counting on** us", sagte ich und drückte Marias Hand.

"Yeah", sagte Maria. "I don't know what he has planned for us. But we are young and healthy and we have learned a lot of useful things about **sustaining** life, about technology and **physics**." Ihre Worte über die Erhaltung des Lebens klangen in meinen Ohren wie ein Albtraum. "However, should human beings actually reach Genesis and be able to **breathe** there, then all that **knowledge of** computers, money and business will **be worth** nothing. Instead, experience and knowledge of **agriculture**, **technical** know-how and practical skills will be necessary for **survival**; the skills of our Internet world are, in **reality**, **pure** rubbish."

"Who will be on board Spaceship Earth, Maria?", fragte ich. "Did Dad tell you anything?"

"He only said ..."

"La Silla is in sight", unterbrach Kevin.

Der Helikopter neigte seine Nase nach unten.

to count on sb sich auf jdn verlassen
to sustain erhalten
physics Physik
to breathe atmen
knowledge of sth Wissen über etw
to be worth sth etw wert sein
agriculture Landwirtschaft
technical technisch
survival Überleben
reality Wirklichkeit
pure bloß

Natural Disaster

25. April
La Silla Observatorium

Wir saßen im TV-Raum. Auf GNN liefen Berichte über die ersten Auswirkungen, die durch das Herannahen von Exitus und Genesis ausgelöst wurden.
"Words cannot describe how cruelly nature is wiping one living thing after another **off the face of the Earth**, like an elephant **trampling** on an **anthill**", sagte ein Sprecher.

off the face of the Earth vom Erdboden
to trample herumtrampeln
anthill Ameisenhaufen
nightmare Albtraum

"The holograms make everything appear so real", murmelte John.
An den Küsten warfen sich Flutwellen auf die Menschen. Vulkane spien Feuerregen aus, die ganze Städte in Brand setzten. Männer, Frauen und Kinder erstickten an den giftigen Dämpfen oder verbrannten bei lebendigem Leib in den heißen Aschewolken.
"And this is just the beginning." Allan schauderte.
"What a **nightmare**", murmelte Maria.
"Except that it's real", sagte ich düster.
GNN unterbrach den Katastrophenbericht. Ein Hologramm des Sternenhimmels erschien und zeigte die beiden neuen Planeten im Sonnensystem.
"Tommy, your father's speaking", sagte John.
Wir rückten ein Stück näher an das Hologramm heran. Michael Hunter fragte Dad, welche Auswirkungen noch zu erwarten seien.

"The gravity of the sun is changing the trajectory of both planets into an ellipse."
"That means?" Michael Hunter bebte wie immer vor Sensationslust.
"That means that after the first **bypass** our Earth will **encounter** both planets again on its orbit around the sun."
"Does that mean …"
"That means, Mr Hunter, a collision with one of the two planets is possible."
Mein Herz setzte für einen Schlag aus. Nun war die ganze Wahrheit so gut wie draußen. Zwar hatte Dad nur von der Möglichkeit eines Zusammenstoßes gesprochen und nicht gesagt, er sei sicher, aber das würde allemal ausreichen, um viele in Panik zu versetzen.
Noch blieb etwas Zeit, bis Exitus das erste Mal an der Erde vorbeiziehen würde. Der Druck, den die Masse von Exitus dabei auf die Erde ausüben würde, reichte aus, um die Erdoberfläche unbewohnbar zu machen. Auch wenn das noch nicht der Weltuntergang war, das Ende unseres gewohnten Lebens bedeutete es auf jeden Fall.
"**Dreadful**", sagte John.
"Yes", gab ich ihm recht. "Simply imagine this: the Earth **is shaking**, **cracks** in the Earth are opening and people are falling into them, screaming. Some **flee** from **collapsing** houses, then fall down, and are trampled to death by **panicking** crowds." Ich barg

bypass Vorbeiflug
to encounter begegnen
dreadful fürchterlich
to shake beben
crack Spalte
to flee (fled, fled) fliehen
collapsing einstürzend
panicking panisch

das Gesicht in den Händen, all diese Vorstellungen drohten mich zu überwältigen.
Allan holte uns schließlich in die Wirklichkeit zurück: "Let's **concentrate** on our task." Er holte die Liste aus seiner Jackentasche.
Wie schon in den letzten Wochen waren wir damit beschäftigt, die von der Union ausgewählten Personen nach La Silla zu holen. Ich riss mich zusammen.

to concentrate sich konzentrieren
to recruit heranziehen
engineer Ingenieur(in)
to secure sichern
means of public transport öffentliche Verkehrsmittel
to be at a standstill stillstehen

Oral Diary – Tommy Sternau
One part of our job is to ***recruit*** *the best scientists and* ***engineers****. Animals, plants and medicines also have to be brought on board Spaceship Earth. And the La Silla complex, even though it is located in the mountains, has* ***to be secured****.*

"People will really panic if they find out that a life-saving spaceship is being built here", sagte John.
"The biggest danger, without doubt, is Michael Hunter", sagte ich. "Sure, he doesn't know what is really going on here, but he's clever and will do anything he can to find out."
Während wir unsere Liste durchgingen, schickte Hunter pausenlos Katastrophenberichte über den Sender, ich hörte mit halbem Ohr zu: "All **means of public transport are at a standstill**. Berlin has to manage without electricity for the third day now. In Sydney, Beijing, Moscow and other cities, supermarkets

are being looted and people **are being mugged in broad daylight**."

Polizei und Soldaten bemühten sich, die Leute zu beruhigen, Politiker riefen zur Besonnenheit auf, meist jedoch zwecklos. Leute, die ohnehin nichts zu verlieren hatten, nutzten das Chaos, um sich einfach zu nehmen, was ihnen ansonsten verwehrt wurde.

"There are still eight months to go until the end", sagte ich.

Am Abend standen wir draußen vor dem VLT. Von Tag zu Tag standen die beiden Planeten jetzt heller am Nachthimmel.

"Exitus doesn't even look like a distant star anymore", sagte ich.

"Yeah", stimmte John zu. "Rather like a little full moon."

"And every night it's getting bigger", sagte Allan.

Für einen Moment schwiegen wir, schauten nur in den Himmel.

"Suddenly, I'm no longer sure I want to become an astronaut", sagte ich.

"My dream of flying to Mars to **explore** and bring new **discoveries** back to Earth now seems like a nightmare", fand auch Allan.

"**Hopefully**, Spaceship Earth will succeed." Marias Stimme zitterte leicht. Ihr war die Angst vor der Zukunft anzumerken. Im Gegensatz zu Milliarden anderen Menschen wussten wir, dass Exitus die Erde tat-

to loot plündern
to mug überfallen
in broad daylight am hellichten Tag
to explore erkunden
discovery Entdeckung
hopefully hoffentlich

sächlich rammen würde, während die meisten glaubten, der Planet käme uns nur gefährlich nahe. In diesen Minuten wusste ich nicht, wer besser dran war.
"Step by step, Dad **is gathering** the best technicians, medical doctors, physicists and the most **powerful** companies here at La Silla", sagte ich.
"**Ingenious** people", meinte John. "In the last few weeks, they have converted the observatory into one of the world's most modern **shipyards**."
"Into a **spaceport**, where the most important spaceship mankind has ever built – that we've ever had to build – will be launched", sagte Allan. Trotz allem glühte er sichtlich vor Stolz, bei diesem Abenteuer dabei zu sein.
"Up to now, it has been easy to find the specialists and to **win** them **over** to Dad's plan", sagte ich.
"But the **riots** are getting worse every day, the streets are becoming more and more dangerous", meinte Allan. "Soon it will be difficult to bring the **necessary** animals and plants to La Silla."
"We'll manage that", sagte John. "We have to."
Aus dem Hangar drangen Arbeitsgeräusche zu uns herauf. Mein Blick wanderte vom Raumschiffdock zu den leuchtenden Scheiben am Himmel. Unter normalen Umständen hätte mich ihr Anblick fasziniert. Aber jetzt jagten sie mir einen kalten Schauer über den Rücken.
"Tommy, Tommy!" Kevin kam aus dem VLT gelaufen. "Tommy! Come to your father, quickly!"

to gather versammeln
powerful mächtig
ingenious genial
shipyard Werft
spaceport Raumfahrtzentrum
to win sb over to sth jdn für etw gewinnen
riots Unruhen
necessary nötig

Schlimme Nachrichten

25. April
La Silla Observatorium

Ich betrat den Kontrollraum. Sofort spürte ich, dass die Stimmung hier drin anders war als sonst. Dad saß stumm nach vorn gebeugt auf einem Stuhl und starrte auf den Boden.

Ich trat näher. "Dad?"

Er sah nicht auf. "She was alone, Tommy. All alone."

"Who was alone, Dad?"

"No one helped her, no one." Dad hob den Kopf. Er hatte seine Augen geschlossen, seufzte. "They brought her to the hospital, but it was already too …"

Ich fasste ihn an der Schulter. "Dad, what happened?"

"It's on the news right now. Go to the German GNN."

Der Computer schaltete um.

"Und hier noch einmal die Meldung des Tages", verkündete der Sprecher in einem leicht bayrischen Tonfall. Als ich das eingeblendete Foto sah, wurde mir schwindelig.

Der Sprecher klang teilnahmslos kalt und sachlich. "Heute, gegen 18 Uhr mitteleuropäischer Zeit, überfielen gewalttätige Plünderer den Bio-Markt in der Münchner Straße in Garching …"

Ich musste mich setzen, um nicht umzukippen. Mein Blick klebte am Holoschirm. Ich spürte, wie meine Mundwinkel zitterten.

„Geistesgegenwärtig alarmierte die Kassiererin die Polizei. Sie weigerte sich, den Plünderern die Tageseinnahmen zu übergeben. Daraufhin schossen die vermummten Täter wild um sich. Fünf Menschen wurden leicht, drei schwer und die Kassiererin lebensgefährlich verletzt. Zwei Kunden starben noch am Tatort, eine Frau erlag im Krankenhaus ihren Schusswunden. Es handelt sich um Rita Sternau, die Frau des weltbekannten Astrophysikers Doktor Julius Sternau ..."

criminal
Verbrecher(in)

"Mom ... Mom is ..."

"Nach ersten Informationen befand sich Rita Sternau auf dem Weg zum Flughafen und wollte noch Proviant einkaufen, als die beiden Bewaffneten ..."

"She's dead, Tommy."

Das Bild vor meinen Augen verschwamm. Salzige Tränen liefen in meine Mundwinkel. Ich nahm Allan, John und Maria kaum wahr, als sie hereinkamen. Maria setzte sich und nahm meine Hand.

"I'm going to fly home and kill those **criminals**!", schrie ich.

"That could have happened anywhere, Tommy", sagte John. "Take a look at what's happening all over the world. You wouldn't find them anyway. There's chaos everywhere."

John hatte recht. Die Welt war aus den Fugen geraten, das Böse regierte, es gab keine Ordnung mehr. Ich sackte in mich zusammen und weinte.

"We'll pray for your mother, Tommy", sagte Maria. "And then we'll do what she would have done: We'll build Spaceship Earth and fly it to Genesis."

Hope in the Dark

9. Mai
La Silla Observatorium

Kurz nach Mitternacht sanken Exitus und Genesis im Westen unter den Horizont und verschwanden.
"They won't be **visible** for the next twelve hours", sagte ich.
"Their **destructive** power, however, **is increasing** every minute", meinte Allan besorgt.
La Silla glich inzwischen einem Ameisenhaufen. Die Maschinen brummten jetzt Tag und Nacht, Raumfahrttechniker, Ingenieure und Helfer schufteten rund um die Uhr. Die GLOSA hatte La Silla zum Hauptstützpunkt erklärt.
"My father told me that three more spaceships are being built in Europe, the United States and Asia", sagte ich. "At least one of them has to reach Genesis."
Draußen, nahe dem VLT, erhob sich die riesige Startrampe in den Himmel. Sie glich einem endlos hohen Kran, der sich in die Lüfte schraubte. Rechts und links davon wuchs ein Wald von Windkrafträdern aus dem Boden.

hope Hoffnung
visible sichtbar
destructive zerstörerisch
to increase zunehmen
fortunately zum Glück

"**Fortunately** there's enough electricity here", sagte John und fuhr dann nachdenklich fort: "I wonder what it's like to live without electricity."
Wie die Windräder drehten sich auch meine Gedanken unaufhörlich. Ich konnte nicht mehr abschalten.

"Are you thinking about your mother?", fragte Maria.
"Yes, I am. I simply can't believe that I'll never hear her voice again, that she'll never again bake a birthday cake for me. I can't believe that I don't have a mother anymore."
Dad und ich waren für einige Tage nach Europa gereist und hatten Mom würdig beerdigt. Immerhin musste sie sich jetzt keine Sorgen mehr um die Zukunft machen. Wir dagegen waren hier oben in der engen Gemeinschaft der Union auf Gedeih und Verderb aufeinander angewiesen. Jeden Tag traten neue Gesetze und Regelungen in Kraft. Jeder Handgriff, den wir taten, jeder Schritt, den wir machten, war der Mission Genesis untergeordnet. Vielleicht war Moms Schicksal am Ende sogar das bessere, dachte ich, als ich mich nach ein paar Stunden Schlaf am frühen Morgen ankleidete. Ich schob meine Aufgabenliste für heute in die Jacke und verließ mein Zimmer.
"Morning, Tommy." John, Allan und Maria kamen gerade den Gang entlang, um mich abzuholen. Ich wartete auf sie und ging mit ihnen zusammen zum VLT.
"Everything okay?", fragte Maria.
"More or less", sagte ich etwas unbestimmt und zuckte die Schultern. "What about you? Any news?"
"There was a clear sky last night", antwortete Allan. "They **seized the opportunity** and **examined** Genesis more closely."

to seize the opportunity die Gelegenheit nutzen
to examine untersuchen

Klar. Die Planeten waren noch nie so nah gewesen wie gestern Abend.

"The more we know about Genesis, the better we can plan the mission", sagte ich.
Wir betraten das VLT. Im Kontrollraum waren alle Plätze besetzt. Die Computer spuckten am laufenden Band Zahlen, Kurven und Tabellen aus. Dad stand in der Mitte des Raumes und blickte auf den Holoschirm. Die GSS war zugeschaltet.
"Can we use the Cassini 9 data, Ron?", fragte Dad.
Ron Morefill trat in die Projektion. "Exitus is pure desert, Julius. **Lifeless** rock, **meteorite craters** as deep as Mount Everest is high. No sign of water, minus 478 **degrees** Celsius on the **surface**."

Leben unmöglich, dachte ich. Das war es, was Allans Vater soeben mitgeteilt hatte.
Jetzt trat auch Johns Vater ins Bild. "The **measurements** on Genesis however paint a **completely** different picture", sagte er. "An **atmosphere surrounds** the planet. Could be something like air. It's not possible to collect exact data, though. The planet is continuously changing its face."
"Is it thawing?", fragte ich.
"I think so", antwortete Allans Vater. "The data clearly shows mountains. Larger surfaces of water, possibly oceans, can also **be identified**."
Auf Genesis war also Leben möglich. Vielleicht nicht so wie auf unserer Erde, mit ihrer atembaren Luft, ihren Süßwasserseen und saftig grünen Pflanzen. Aber immerhin.

lifeless leblos
meteorite crater Meteoritenkrater
degrees Grad
surface Oberfläche
measurement Messung
completely völlig
atmosphere Atmosphäre
to surround sth etw umgeben
to identify erkennen

"Genesis **rotates** on its own **axis** once in 29 hours", erklärte Ron Morefill weiter.
"Then Cassini 9 could scan the whole planet", sagte Dad.
"Exactly", bestätigte Morefill.
3D-Simulationen erschienen. Simulationen einer Planetenoberfläche. "The land masses **are made up of** six continents. A larger group of islands is located at the equator. River valleys and brown surfaces, perhaps deserts, are also visible. Everything is somewhat **blurry**."

to rotate drehen
axis Achse
to be made up of sth aus etw bestehen
blurry verschwommen
indeed tatsächlich
composition Zusammensetzung
to vary schwanken
greatly erheblich

"Can the air on Genesis be breathed by humans?", fragte Allan.
Mein Magen zuckte. Die nächste Antwort kam einer Entscheidung über Leben und Tod gleich.
"We can't tell for certain", erklärte Johns Vater. "Cassini 9 has **indeed** detected oxygen, but the **composition varies greatly**."
Ich atmete auf. Es gab Sauerstoff auf Genesis. Eine Chance auf atembare Luft.
"Anything else, Paul?", fragte Dad.
"What do you think about this, then", sagte Allans Vater. Ein neues Hologramm baute sich auf.
"What the hell is this?" Allan riss Mund und Augen auf.
"Could be a river delta", meinte John.
"That's what we first thought, too." Gribbin zoomte das Hologramm näher heran. Ein nervöses Raunen ging durch den Kontrollraum.

"Are you thinking what I'm thinking?", fragte ich.
"Is something like this even possible?", fragte Allan. "Can such a coincidence even exist? Or are our **senses** and technology playing an evil trick on us?"
"You must be wrong, Ron", sagte Dad. Er trat näher an das Hologramm heran. "There are no rivers that run as straight as if someone had drawn them with a ruler. And there are no rivers that **bend at a right angle**."
"Of course not", sagte Johns Vater, "it must be something different. Something that has always been located on rivers and coasts: **settlements**. Towns and villages with **straight** roads."

"Do you really think these are signs of ..." Ich wagte es nicht auszusprechen.
"... of civilization", beendete Allan meinen Satz.
Aller Augen im Kontrollraum hefteten sich auf das große Hologramm.
"However there's not a single sign of **organic** life", sagte Morefill.
"But these **dead straight** formations must have been created somehow", wandte John ein.
"Yes, somehow", sagte Gribbin. "Perhaps there was once a civilization on Genesis. It would be naive to suppose that we are the only life forms in this **infinite universe**."

sense Sinn
to bend *hier:* die Richtung ändern
at a right angle im rechten Winkel
settlement Siedlung
straight gerade
organic organisch
dead straight schnurgerade
infinite unendlich
universe Universum

Raumschiff und Libelle

18. Mai
La Silla Observatorium

Kevin landete den Helikopter punktgenau auf der betonierten Kreisfläche nahe dem VLT. Dad, Maria und viele andere kamen zum Landeplatz, um uns und Jan Wendling zu begrüßen. Nach fast einer ganzen Nacht, in der wir dem Bioniker aus Österreich alle Berechnungen, Zahlen und Daten erläutert hatten, hatte der Professor zugestimmt und war mit nach La Silla gereist. Er und sein Wissen waren für das Gelingen von Spaceship Earth unerlässlich.

"What the hell ever gave you this idea?" Allan blickte fast ehrfürchtig zu Wendling auf, der aussah wie ein Zwillingsbruder von Albert Einstein.

"I'm **fascinated** by his field of **research** almost as much as I **admire** Wendling himself", sagte ich. In Raumfahrttechnik nahm das Gebiet der Bionik breiten Raum ein. Die Technik versuchte die "Erfindungen" der Natur nachzuahmen.

"Hardly a lesson went by at the College without Wendling's name being mentioned in **connection** with **propulsion technology**", sagte Allan.

"The **dragonfly**, my young man." Wendling lächelte, als er Allans Bewunderung bemerkte.

fascinated fasziniert
research Forschung
to admire bewundern
connection Verbindung
propulsion technology Antriebstechnik
dragonfly Libelle

"You've really built a second Cape Canaveral here, Dr. Sternau." Wendling nickte anerkennend, als er aus dem Heli stieg und von Dad begrüßt wurde. "Respect, respect."
Dad schüttelte Wendlings Hand, während Exitus und Genesis drohend über dem östlichen Horizont aufgingen. Langsam kletterten die zwei bleichen Scheiben in den Himmel hoch.
"Genesis already looks larger than the moon", stellte Maria fest.
Exitus erschien riesenhaft, größer als tagsüber die Sonne. Und noch heller als Genesis. Die Erde kannte so gut wie keine Nacht mehr.
"Thank you for coming, Professor." Dad führte Wendling vom Helikopter weg. "May I ask you to take a tour through the observatory, Professor. I cannot tell you how **relieved** I am that you are here." Wendlings Anwesenheit erleichterte Dad spürbar.

relieved erleichtert
liquid hydrogen Flüssigwasserstoff
to steer steuern
to escape entkommen
weight Gewicht

Oral diary – Tommy Sternau
Professor Wendling has just arrived. I believe that he can help us design a propulsion system for the spaceship that does not require ***liquid hydrogen*** *and can also generate electricity. And this is absolutely necessary. To* ***steer*** *Spaceship Earth towards Genesis, the hydrogen tanks would have to be so large that such a huge spacecraft would probably not be able to* ***escape*** *the Earth's gravity because of its* ***weight****.*

"La Silla has now become a spaceport. It's **unbelievable** what you **have created** here", staunte Wendling. Das stimmte. Ein Kontrollzentrum für den Start, zwei Hangars und die Startrampe waren fertig. In nur wenigen Wochen war ein hotelähnliches Gebäude errichtet worden, in dem alle Beschäftigten wohnten – an die zweihundert Männer und Frauen, die ihr Bestes gaben und von denen viele dennoch würden zurückbleiben müssen. Ich fragte mich, wie das vor sich gehen sollte.

"I heard what happened to your wife, Sternau. I'm very sorry", hörte ich Wendling sagen.

"Thanks. But let us please go on. We don't have any time for **condolences**."

Das klang hart, aber Dad hatte recht. Wir mussten unsere Mission erfüllen, nichts sonst zählte mehr. Wir gingen an einer Reihe Werkstätten vorbei. Hangar 1 lag auf der Ebene unterhalb der Startrampe.

"The engineers have completed the most important components of the spaceship", erklärte Dad. "Up here, in this **plant**, we could **simultaneously rebuild** the Titanic and the GSS."

"Ingenious", sagte Wendling. "Will you now show me the ship?"

In Hangar 1 blendete uns grellweißes Flutlicht. Eine Menge Menschen liefen umher, kontrollierten Schaltpulte und Hologramme. Roboter schweißten Stahlteile zusammen, Laser schnitten Bauteile millimetergenau aus Metallplatten heraus. Im hinteren Teil verdrahte-

unbelievable unglaublich
to create schaffen
condolence Beileidsbekundung
plant Werk
simultaneously gleichzeitig
to rebuild nachbauen

ten Elektroniker Chipteile, löteten Drähte und prüften elektrische Spannungen. Unsere Blicke aber richteten sich auf das, was Deckenkräne und Schweißroboter in der Mitte des Hangars zusammenbauten. Mein Blick wanderte über eine Reihe von meerblauen Buchstaben: *Spaceship Earth.*

"The spaceship looks a bit like the Space Shuttle, which once carried people into space, and was used to build the International Space Station, ISS", erklärte Dad. "Spaceship Earth, however, is almost fifteen times as large. A powerful, flat **aircraft** with **rocket propulsion**, **heat shields** and **triangular wings** which **will serve** as a **transportation cabin** for the humans, animals and plants that will be needed to start a new life on Genesis."

Wendling stieg eine Stahltreppe hoch. Er strich mit der Hand über die silbrige Tragfläche der Fähre.

"Solar **sails**", sagte er schließlich. Allan wollte etwas sagen, aber Wendling, dem Allans Interesse für Bionik nicht entgangen war, kam ihm zuvor. "Once the ship has left the Earth's atmosphere, we'll use the sun as a propulsion source on the flight to Genesis."

Wir hörten ehrfürchtig zu. Flügel aus Sonnenkollektoren – eine geniale Idee!

"How large do the solar sails have to be?", fragte Dad.

Die Antwort kam von Allan: "As large as the wings of a dragonfly in **relationship** to its body."

aircraft Flugzeug
rocket propulsion Raketenantrieb
heat shield Hitzeschild
triangular dreieckig
wing Flügel
to serve dienen
transportation cabin Transportkabine
sail Segel
relationship Verhältnis

"What a clever guy", sagte Wendling und nickte Allan anerkennend zu. "How many people can the spaceship transport?"
"One flight can carry 148 passengers", sagte Dad. "The ship will also carry animal and plant **species** that are necessary for survival, 938 species in total. The passengers' breathing and **heartbeat** will **be reduced during** the flight in order to save oxygen. After **landing**, **provided** we manage to land, oxygen levels will be **automatically** increased."
"How long will it take?", fragte Wendling.
"Thirty-seven hours and eleven minutes", sagte Dad. Dann fügte er hinzu: "Provided that everything runs **according to plan**. Of course, we cannot **foresee** what will happen when Exitus hits the Earth."
Ich versuchte mir das vorzustellen. 148 Menschen in diesem Raumschiff, in unmittelbarer Nähe eines kosmischen Ereignisses, bei dem 2 Planeten ineinanderkrachten. Es gelang mir nicht.
Eine Wolke schob sich vor Exitus und verdunkelte La Silla, als wir aus Hangar 1 kamen. Heftiger Wind kam auf.
"The closer the planets come, the more they **disrupt** the **climate**", sagte ich.
Für einen Moment erzitterte der Boden unter unseren Füßen.

species Art(en)
heartbeat Herzschlag
to reduce vermindern
during während
landing Landung
provided vorausgesetzt
automatically automatisch
according to plan planmäßig
to foresee voraussehen
to disrupt stören
climate Klima

Star War

19. Juli
La Silla Observatorium

Gegen Mittag saßen wir im TV-Raum und trauten unseren Augen nicht. GNN lief.
"Oh, God." Maria konnte gar nicht hinsehen.
Ein Helikopter von GNN überflog mit einer Live-Kamera die Inselgruppe der Malediven. Fünfzig Kilometer vor den Inselstränden bebte die See. Ein Tsunami rollte los. Die Welle türmte sich zur Höhe eines Domes auf. Sie erreichte die Inseln, die aussahen wie hilflos im Meer treibende Blätter. Die Kamera zeigte schreiende, rennende, betende Menschen. Dann schoss die Welle über sie hinweg. Es dauerte nicht einmal eine Minute. Der Helikopter ging tiefer.
"Oh, mein Gott", hörte man die Stimme des Reporters. Die Kamera zeigte geknickte Palmen, zersplitterte Hütten, Inseln, die einst ein Urlaubsparadies waren, – leer, zerstört, tot.
Um 13.37 Uhr kam Exitus der Erde auf seinem ersten Vorbeiflug am nächsten.
Eine zweite Live-Kamera von GNN flog über Neapel.
"All of this can't be real", flüsterte John.
Gebannt hafteten unsere Blicke auf dem Holoschirm.
"Horrible images", sagte Maria.
Der Vesuv brach aus, er explodierte regelrecht.
"Vesuvius is throwing magma more than a hundred metres into the sky", sagte der Kommentator. Eine Aschewolke schoss in die Atmosphäre, pyroklasti-

sche Ströme ergossen sich nach allen Seiten und rollten über das Land und die Stadt Neapel hinweg.
"It's like it was back then in Pompeii", sagte ich.
Wir erlebten das Grauen live, hier, jetzt, in der Mitte des 21. Jahrhunderts. Mir wurde übel.

crevice Spalte
to swallow schlucken
neighbourhood Nachbarschaft
to collapse einstürzen
glacier Gletscher

Oral diary – Tommy Sternau
During the last few days, it has been impossible even for Michael Hunter and GNN to show everything that Exitus has destroyed on Earth. ***Crevices*** *as wide as rivers have opened up. Within seconds they* ***swallowed*** *houses, nuclear power stations, whole city* ***neighbourhoods****. The Earth shook so powerfully that the Eiffel Tower, the Statue of Liberty and the Sydney Opera House* ***collapsed*** *as if they were built out of sand.*

Auf allen Holoschirmen liefen die verschiedenen GNN-Programme. Über New York raste eine 210 Meter hohe Flutwelle hinweg. Wo einst stolze Wolkenkratzer den Himmel berührten, türmten sich nur noch überschwemmte Ruinen. Wohin man auch schaute, sah man verendete Tiere, ertrunkene Menschen, totes Land. Die Naturgewalten kannten keine Rücksicht, keine Gnade. Erbarmungslos schlugen sie zu, immer und immer wieder.
Eine weitere Flutwelle raste über Japan hinweg und begrub fast die ganze Inselgruppe unter sich.
"Icebergs as big as skyscrapers are breaking off **glaciers** in the Arctic", berichtete ein Reporter.

Die Tsunamis, die die abbrechenden Eisberge auslösten, fegten die nördlichen Küstenstädte Europas von der Landkarte. Amsterdam, Kiel und Oslo gingen in den Fluten unter, als wären sie aus Zeitungspapier. Überall starben Menschen wie die Fliegen.

Der Boden unter unseren Füßen erzitterte. Es war das erste Beben einer weiteren Welle von Erdstößen, die den Planeten mit Verwüstung überzog.

"Dad was clever to **choose** La Silla as the **site** for the Genesis mission", sagte ich. "**Major** earthquakes are **unlikely** to happen up here."

"Tidal waves can't reach this high, either", ergänzte John.

"La Silla seems to be one of the few places on the Earth's surface that is still living", vermutete Maria.

Vier Tage lang nahmen die Naturkatastrophen immer weiter zu. Kaum ein Flecken Erde blieb verschont. "This **destruction** is not **comparable** to any earthquake, any volcano eruption and any tidal wave in the history of mankind", sagte ein Geowissenschaftler in einem GNN-Interview. GNN übertrug 24 Stunden live, soweit das globale W-Lan es noch zuließ. Ganze Berge platzten auf, Vulkane spien Lava, die sich in Häuserschluchten ergoss und Straßen, Autos und alles, was sich in den Weg stellte, erst in Brand setzte und später versteinerte.

to choose (chose, chosen) auswählen
site Standort
major größer
unlikely unwahrscheinlich
destruction Zerstörung
comparable vergleichbar

"I guess all of this is nothing compared to when Exitus comes closest to the Earth in one hour", sagte ich. Das sollte sich rasch bewahrheiten.

Dad rief uns alle in den Kontrollraum, Gribbin und Morefill in der GSS waren zugeschaltet. Die Hologramme flackerten instabil. Der Ton brach immer wieder ab. Ein Wunder, dass Exitus das Funksignal nicht gänzlich unterbrach. Die Leute im Kontrollraum wirkten unnatürlich still. Die Hologramme von Morefill und Gribbin wurden aufgebaut, fielen zwischendurch aber immer wieder in sich zusammen.

"Can you hear me, Ron?", fragte Dad. Seine Stimme bebte vor Anspannung. "The hologram **transmission** is going to **fail** any minute now."

Morefills Antwort drang erst zwei oder drei Sekunden später aus dem Lautsprecher, leise, rauschend und auf sonderbare Art verzerrt. "Julius, I don't know ... going on up here ... instruments are suddenly going crazy ..."

"You have to go to the spaceship, Ron. Get out of the GSS. Do you understand me? Get out of there and down to us."

Unsere Blicke richteten sich auf das flackernde Hologramm.

"Cassi... is transmitting ..." Gribbins Stimme wurde zerhackt. Plötzlich begannen die Holosimulationen zu beben.

"Dad, what's going on up there?", fragte John nervös.

transmission Übertragung
to fail versagen
to slow down bremsen

"The GSS ..." Wieder rauschte es. Nichts zu hören. Dann: "Exitus. It**'s slowing** us **down**, we ..." Störung.

Wir hielten den Atem an. Das Hologramm flackerte kurz auf. Das GSS-Modul Gemini 2 brach weg, es löste sich und verglühte in der Erdatmosphäre.

"Get out of the GSS!", rief Dad. "Exitus is slowing you down, the GSS is going to crash ..."
Weiter kam er nicht. Noch einmal flackerten die 3D-Projektionen der Bordkamera auf. Gribbin und Morefill riefen irgendetwas in die Holo-Kamera.
"Dad!", rief Allan. Keine Antwort. Nur ein Schwall knisternder Statikgeräusche, Wortfetzen, Rauschen.
"We're ... crashing ..."
"Dad!"
Am Nebenschirm fing GNN ein Satellitenbild ein. Der Computer rechnete es in ein Hologramm um und projizierte es in den Raum. Es sah wie eine Sternschnuppe aus. Aber wir wussten alle, dass es das nicht war. Was wir da sahen, war die GSS.

to be at the mercy of sth
einer Sache ausgeliefert sein

"It's falling out of its orbit", stammelte Maria.
Die GSS explodierte und verglühte in der Atmosphäre wie in einem Feuerball. Sekunden, die uns wie eine Ewigkeit vorkamen. Dann erlosch der Glutpunkt, der Himmel war dunkel wie zuvor, die Lautsprecher blieben stumm.
Wir alle starrten auf das Hologramm, suchten nach einer kleinen Raumfähre, die sicher zur Erde glitt. Aber da war nichts.
John und Allan sackten zusammen.

Oral diary – Tommy Sternau
In these last few days, more than half of the world's population has been wiped out by the powers of the universe. The Earth and its remaining survivors ***are at the mercy of*** *Exitus' terrible gravitational force.*

GNN übertrug weiterhin pausenlos, so gut es noch ging.

"The **solid crust of the Earth** can no longer **withstand** the enormous **pressure** of the **boiling** gases and magma **underneath** it", sagte der Kommentator. "Exitus is destroying the Earth's **equilibrium**."

Der Erdmantel riss auf. Asche, Dampf und Gase quollen aus tausenden Öffnungen in die Luft empor. Mächtige Aschewolken stiegen in den Himmel auf, verdunkelten Sonne und Sterne.

"The moon, Exitus, Genesis – nothing more can be seen", murmelte ich fassungslos. Finstere Nacht legte sich über die Welt.

"God help us!", rief der GNN-Reporter. "Hell can't be any more horrible than this!"

solid crust of the Earth Erdkruste
to withstand standhalten
pressure Druck
boiling siedend
underneath it darunter
equilibrium Gleichgewicht

Sengende Hitze lag über der Erde.

"The temperature is going to reach one hundred degrees in some places", sagte Dad.

Von Stunde zu Stunde konnten wir zusehen, wie das Polareis dahinschmolz. Eisbären schwammen hilflos im Meer, bis ihre Kräfte sie verließen und einer nach dem anderen ertrank.

"Greenland is thawing", sagte der Reporter. "New land masses are appearing."

Lava strömte in die Ozeane und bildete junges Urland, glühend, dampfend, zerklüftet.

Drei Wochen kämpfte die Erde gegen Exitus um ihr Überleben, ehe der Einfluss des riesigen Himmelskörpers allmählich nachließ.

"Anyone who managed to survive this star war was really lucky", sagte Maria.
Ich sah sie skeptisch an. "What kind of luck is that?", fragte ich. "Their deaths have only been delayed."
"You're right", gab Maria zu. "Still, in **despair** you **clutch at** any **straw** you can find."

Die schlimmen Nachrichten hörten auch in den folgenden Tagen und Wochen nicht auf. Menschen erstickten qualvoll an den Schwefelgasen, die die Luft erfüllten. Als würge sie eine unsichtbare Hand, brachen sie auf offener Straße zusammen und blieben liegen. Stürme, an die 200 Grad Celsius heiß, fegten über das Land, steckten Wälder in Brand und brachten Seen zum Kochen. Tag und Nacht wechselten sich nicht mehr ab wie gewohnt, was unseren Biorhythmus aus dem Takt brachte. Die Erde erwärmte sich dramatisch. Gewitter schleuderten armdicke Blitze zu Boden, die Wolken schütteten siedend heißen Regen aus, der alles verbrühte, was er traf.
Selbst La Silla glich einer Hölle, und doch war es einer der sichersten Orte der Erde.
"When will it finally be bright again and when will these storms end?", seufzte John.
"Exitus has slowed down the Earth's rotation", antwortete ich. "It might take a while until we see the sun again."
Draußen landete Kevin gerade den Helikopter. Das Unwetter durfte uns nicht aufhalten, wir mussten trotzdem fliegen.

despair Verzweiflung
to clutch at straws sich an einen Strohhalm klammern

"Let's move, the latest **delivery** has just arrived", sagte John und las vom Einsatzplan ab: "Parrots, doves and penguins. In the back of the transport helicopter are goats, sheep and pigs."
Unsere Aufgabe war es, uns um die Tiere zu kümmern, sie zu füttern und darauf zu achten, dass sie gesund blieben. Gegen Mitternacht hatten wir die neu angekommenen Tiere untergebracht und versorgt.
"Thank God the thunderstorms **have eased off** a bit", sagte ich mit einem Blick in den Himmel. Ein Versorgungswagen wühlte sich durch den Schlamm, fuhr Tee und Sandwiches zu den Werkstätten.
Nicht lange danach, als wir auf dem Weg in die Unterkunft waren, um ein paar Stunden zu schlafen, schlug das Wetter ganz plötzlich um. Der heiße Sturm verebbte, die Temperatur fiel binnen Minuten auf zehn Grad unter Null ab. Hagel prasselte auf die Dächer nieder.

delivery Lieferung
to ease off nachlassen
twilight Dämmerung
breath Atem

Am Morgen stieg die Windtemperatur wieder an. Wir warteten vergebens auf die Morgendämmerung.
"There's no more daylight; only a grey **twilight**", sagte John.
Ein schwacher Schwefelgeruch wehte über die Berge heran. "The **breath** of death", meinte Allan düster.

Es war einmal … der Mond

31. Oktober
La Silla Observatorium

Die Dauerfinsternis der letzten Wochen hatte uns das Zeitgefühl geraubt.
"Daylight is slowly returning", sagte Allan und blickte zum Himmel.
Erste Sonnenstrahlen drangen durch die Wolken. La Silla hatte Exitus' ersten Angriff einigermaßen gut überstanden. "There are no more empty beds left in the hospital, but no one has died here", freute ich mich.
"Spaceship Earth **has**n't **been damaged**", berichtete Allan. "The animals, plants and water **supplies have** also **been spared**."
Allmählich trat etwas Ruhe ein.

to damage beschädigen
supply Vorrat
to spare verschonen

Oral diary – Tommy Sternau
Exitus and Genesis are moving away from the Earth. The sun's gravitation is pulling them now; they have disappeared from the night sky. They will only be slightly visible during the day, assuming that the atmosphere continues to improve.

Tatsächlich lösten sich in der Nacht die Nebel auf. Winde vertrieben die Wolken, der Sternenhimmel zeigte sich.

"Something is wrong", sagte ich zu Allan und John, während wir die Tiere fütterten. "Today should be a full moon, shouldn't it?" Ich trat in die Nacht hinaus und sah nach oben.

"What do you think is wrong, Tommy?", fragte John.

"Where is the moon?" Mir wurde ganz flau im Magen, als mir klar wurde, was passiert war.

"Dad never said a word about that", murmelte Allan.

"I wonder if your fathers aboard the GSS observed how Exitus crashed into the moon?", dachte ich laut nach.

to fuse
verschmelzen
power grid
Stromnetz
power plant
Kraftwerk

"The moon rather **fused** with Exitus", korrigierte Allan. Wie auch immer. Den Mond gab es nicht mehr. Er war dahin – für immer.

"It is going to destroy the Earth in the same way when we encounter it again on the other side of the sun", sagte John.

Ich schwieg. Meine Vorstellungskraft reichte dafür nicht aus.

Im Kontrollraum des VLT arbeiteten alle auf Hochtouren. GNN sendete nur noch zeitweise.

"Exitus has triggered an electric storm", erklärte Dad. "Most of the **power grids** have been totally destroyed, just like many **power plants**."

Er stand vor einem Computer und sah einer jungen Frau über die Schulter. Sie las Zahlen und Befehle ein. Sekunden später erschien eine elliptische Kurve als Hologramm. Sie umkreiste die Sonne.

"Put the new orbit over it now", sagte Dad. Gespannt schaute er auf die Simulation. Eine zweite Ellipse leg-

te sich um die Sonne. Sie deckte sich beinahe mit der ersten.
"Did the moon divert Exitus?", fragte ich.
Zahlen erschienen im Hologramm: 0.02376.
Dad richtete sich auf. "Yes, it did."
"Then it will leave our solar system? It won't destroy the Earth?" Maria schöpfte Hoffnung.
Dad zögerte einen Moment. Dann sagte er: "The moon deflected Exitus's trajectory by a good 0.02 degrees towards the sun."
Ich wusste, was das bedeutete.
"When?", fragte ich Dad.
"December 24th. On Christmas Eve."
Exitus zog eine engere Bahn um die Sonne, als zuvor berechnet wurde. Der Planet würde die Erde also eine Woche früher treffen als bisher angenommen. Ausgerechnet am Weihnachtsabend.
"That's one week less for us."
"We have to work extra shifts", sagte Dad. "We must finish work on the spaceship earlier. Tommy, please inform the engineers right away."
Dad verteilte die Aufgaben in La Silla neu. Zuallererst sollten einige Leute umquartiert und zwischen den Hangars und der Startrampe sollte ein zweiter Sicherheitszaun errichtet werden.
"And then you come back", rief Dad uns nach. "I've decided to give the most important task of all to you."

Eine Stunde später saßen Allan, John, Kevin und ich im TV-Raum. Dad hatte die Arme verschränkt und schritt im Zimmer auf und ab.

"You must succeed in this mission at all costs", sagte er. "If you don't make it, the Genesis mission is finished."
"Just tell us what it is, Dad", sagte ich.
"There is a species that is absolutely essential for survival. So, you will leave La Silla in order to bring this animal here."
"But leaving La Silla is almost like a death sentence", wandte ich ein. "No one can say how many people have survived. And a war for food and water will surely break out among them."
"There's no way to avoid this. We'll need bees, otherwise nobody will be able to survive anywhere. You've got one day only, then the bees must be in La Silla", sagte Dad. "Is the helicopter ready for takeoff?"

launch pad
Startrampe

Bevor Kevin bestätigen konnte, generierte sich ein Hologramm – GNN ging auf Sendung. Das Gesicht von Michael Hunter erschien. Es wirkte wie versteinert. Dann legte er los. "Today our helicamera took shocking pictures from above La Silla." Hunter zog unsere Blicke wie ein Magnet auf den Holoschirm. Hinter ihm war die Abschussrampe zu erkennen, dann Hangar 1. "While billions are dying, Julius Sternau is secretly building a spaceship. Why is he doing that? Why is he building a **launch pad** in La Silla? What is he not telling us?" Hunter war nicht dumm. Er zog die richtigen Schlüsse. "I'm telling you what all the scientists and politicians are hiding from us!"
"Will you shut up, Hunter!", rief Dad dem Holoschirm zu, aber natürlich ohne jede Wirkung. Das interaktive

Dialogfernsehen existierte bislang nur als Zukunftsvision. Eine von vielen, die die Menschheit nun vergessen konnte.
Hinter Hunter erschien eine Computersimulation. Exitus umkreiste die Sonne, prallte auf die Erde und sprengte sie in tausend Stücke. "This is what will happen!", verkündete Hunter wütend. "GLOSA knew about it from the start. Genesis is an Earth-like planet. And some people want to save themselves there. Who does Sternau think he is? God?" Michael Hunters Gesicht war rot vor Zorn.
Wir sahen uns bestürzt an. Jetzt kannte die ganze Welt den Plan. Alle wussten, dass Genesis zumindest eine kleine Überlebenschance bot.

"And who has the right to decide who goes on board? Sternau?" Hunter war außer sich.
Dad schlug die Faust auf den Tisch. "Yes, I do, you idiot!"
"He's endangering the whole mission", sagte Allan besorgt.
Uns allen war klar, was passieren würde. Bald würden Überlebende rebellieren, nach La Silla kommen und vor nichts zurückschrecken, um sich einen Platz in der Raumfähre zu erkämpfen. Sie hatten nicht das Geringste zu verlieren.
"You have to hurry", sagte Dad zu uns. "Go and get the bees."
"If we're not back in 24 hours, don't come looking for us", rief ich ihm noch zu.

Bees

11. November
Santiago de Chile

"No one can be sure of a place on the spaceship", sagte ich zu John, während der Helikopter zum Sinkflug ansetzte.
"Do you think the three of us will make it?", fragte er.
"And what about your father? I guess he's **indispensable** to the success of the mission, don't you think?"

indispensable
unentbehrlich

Ich verdrängte den Gedanken. Im Augenblick zählte nur unser Auftrag, Bienen zu beschaffen. Ohne sie würden sich die allermeisten Pflanzen nicht vermehren können, die Menschen könnten keine Nahrungsmittel produzieren und dann wäre das gesamte Unternehmen zum Scheitern verurteilt, noch bevor es begonnen hatte. Seltsam: Da hatte ich so viele Jahre Elitebildung hinter mir und, bis vor Kurzem jedenfalls, Aussicht auf eine glänzende Karriere, aber bis zu diesem Tag hatte ich mir noch nie Gedanken darüber gemacht, wie abhängig die Menschheit von diesen kleinen, unscheinbaren Tieren war. Ohne sie waren wir nichts.
Kevin landete den Helikopter in der Nähe des Jardin Zoologico beim Parque Metropolitano.
"If there are bees anywhere among this chaos, then they are here", sagte Allan.
"Oh God!", entfuhr es mir beim Anblick der Szenerie. Santiago, beziehungsweise das, was die Flutwellen

davon übrig gelassen hatten, war ein Trümmerhaufen. In den Ruinen der Straßen brannten Autos, Verletzte kauerten zwischen qualmenden Schuttbergen. Menschen bettelten, andere zogen plündernd von Haus zu Haus, bewaffnet mit Gewehren, Baseballschlägern oder Steinschleudern.

"I feel like I've travelled back in time to the Middle Ages", sagte ich.

"I wouldn't want to fall into their hands", meinte John.

"It's probably more important now to start thinking about what Hunter will do." Ich entriegelte die Tür.

"He'll do anything to make sure he gets on Spaceship Earth", prophezeite Allan düster.

Wir sprangen aus dem Heli und rannten gebückt zum Eingang des Zoos. Plötzlich fiel ein greller Lichtschein von oben auf uns herab. Ein Hubschrauber kreiste über unseren Köpfen. Ich sah hinauf und las eine Aufschrift: GNN.

"Don't move!", rief eine kehlige Stimme aus einem Lautsprecher.

"Hunter!" Ich sah mich nach einer Fluchtmöglichkeit um.

Die Umgebung des Zoos glich einem Wäldchen. Ich spähte zwischen die Bäume und entdeckte vermummte Gestalten, die sich dort sammelten.

thug
Schlägertyp

"Those must be the **thugs** who are working for Hunter."

"Let's go in", rief ich. "Hurry, before they get us. We can't go back to the helicopter without the bees."

Wir rannten los. Am Eingang zum Zoo kletterten wir über die Sperre. "They're coming towards us from

the park", rief John atemlos. "Many of them are carrying **clubs** or **pickaxes**. They don't seem to have any guns, though."
Also keine Schusswaffen, was für ein Glück. Vermutlich hatte Hunter einfach in aller Eile irgendwelche Gauner aufgetrieben, wo er sie gerade finden konnte. Die Typen brüllten sich Kommandos zu, aber sie schienen keine geordnete Truppe zu sein. Das war unsere Chance. Das Geschrei wurde von einer Stimme im Lautsprecher übertönt: "You wanted to leave us behind, now you're going to pay the price for that. You won't escape!"

club Knüppel
pickaxe Spitzhacke
to crack knacken

Das war Bens Stimme, schoss es mir durch den Kopf.
Wir waren auf dem Zoogelände, aber die Männer kamen schnell näher. Wir stolperten über Schutthaufen Richtung Insektenhaus. Die Treppen am Eingang waren größtenteils zerstört. John und Allan rannten voraus, ich dicht hinter ihnen her.
"Aaah ...!"
"Allan?"
Mit wenigen Sätzen war ich bei ihm, John kniete bereits neben ihm.
"He stepped into a crack in the stairs", sagte John. Allan war gestürzt, sein Fuß steckte in der Spalte. "I heard it **crack** even before he fell to the ground."
Auch das noch. Aber wir hatten keine Zeit für Mitleidsbekundungen. Wir zogen Allans Bein aus der Spalte, packten ihn unter den Armen und schleppten ihn durch die Eingangstür, die ich rasch von innen mit

einem Stuhl blockierte. Das würde die Typen hoffentlich für ein paar Minuten aufhalten. Drinnen führte eine schmiedeeiserne Wendeltreppe durch eine Öffnung in das Stockwerk darüber.

"Let's go upstairs", sagte ich nach einem kurzen Blick auf den Wegweiser. Wir zogen und schoben Allan nach oben, wo er sich ächzend am Treppengeländer auf den Boden sinken ließ.

Hektisch sah ich mich um. Im Obergeschoss gab es Insekten, kleinere Reptilien und Schmetterlinge zu besichtigen. Die meisten Terrarien waren jedoch zerstört, die Tiere verschwunden. Ich schaute durchs Fenster. Zornig schreiend rannten unsere Verfolger auf das Insektenhaus zu.

"We don't have time to look for bees", sagte ich zu John. "First we have to deal with these thugs."

"**Traitors**!"

"You're going to pay for this!"

"You'll also die on Earth!"

"What shall we do?", rief ich.

"Some of them have already broken through the entrance", schrie John von der anderen Seite.

Das Geschrei dröhnte durch das Insektenhaus. Glas splitterte. Dann erzitterte die Wendeltreppe. "They're storming up here!", rief John.

Allan kauerte vor Schmerz wie gelähmt am Geländer. Der erste Schläger streckte seinen Kopf nach oben.

"He's swinging a pickaxe at us!", schrie Allan und rollte sich weg. Beinahe hätte die Spitzhacke seinen verletzten Knöchel getroffen. Ich sprang zurück und landete vor einem kaputten Terrarium, in dem sich

traitor
Verräter

eine Kobra ringelte. Ich zögerte einen Moment, aber ich hatte keine Wahl und ich musste schnell sein. Ich griff neben die Kobra und grapschte mir eine Hand voll Sand. Sofort richtete sich die Giftschlange auf und stieß zu. Im letzten Moment zog ich meine Faust zurück. Ich drehte mich zur Seite und schleuderte dem Kerl den Sand in die Augen.

"Aaah!" Er taumelte, ließ seine Spitzhacke fallen und war für Sekunden blind. Ich stieß ihn zurück, sodass er nach unten auf seine Kollegen stürzte, die dadurch am Aufstieg gehindert wurden.

to smash zerschlagen
intact intakt
beehive Bienenstock
blossom Blüte

"John!"

John riss die Spitzhacke an sich.

"**Smash** it against the side of the stairs!"

Es brauchte mehrere kraftvolle Schläge, aber dann brach der Metallbolzen. Oben aus der Verankerung gerissen, bog sich die Treppe unter dem Gewicht der Männer. Dann brach sie ab und stürzte mit einem gewaltigen Krach nach unten. Das Geschrei wurde lauter. Ich sah nach unten, blickte auf ein Chaos von übereinander liegenden Körpern, bedeckt von Schutt, Staub und Putz.

"Bees!", hörte ich Allan schmerzverzerrt rufen. Er war trotz seiner Verletzung in den hinteren Teil des Stockwerkes gerobbt. Ich rannte in die Richtung, aus der Allans Stimme kam.

"Where are you?", rief ich.

"Here! Right around the corner there are **intact beehives**. The bees are probably still here because they were able to find **blossoms** in the park until recently."

Ich zog den mitgebrachten Leinenbeutel und dicke Handschuhe aus meiner Jackentasche. Unten wurde das Geschrei unserer Verfolger wieder lauter.
"John, help me put this beehive into the **linen bag**. Be careful, I don't want to get stung."
"We must **make sure** to take a queen bee, too", sagte John. "She's the only one who can **reproduce**."
"Take at least three hives", krächzte Allan mit schmerzverzerrter Stimme. "Just taking one queen is too risky, in case she doesn't survive."
Wir verstauten hastig drei Bienenstöcke im Beutel.
"The thugs!", rief John, der wieder zur Treppe gelaufen war, während ich noch dabei war, den Beutel zuzubinden. "They're sliding a ladder through the opening of the stairs."
Der erste stieg schon zu uns herauf.
"Are you thinking what I'm thinking, John?"
"Damn right, Tommy."
"Let's go for it, then. **Grit** your **teeth**, Allan, all hell's going to **break loose** here in a second!"
"Take that!", rief John. "It was nice to meet you!"
Wir warfen die restlichen Bienenstöcke auf Hunters Schlägertrupp hinunter. Sofort schwärmten die Bienen aus. Wieder Schreie. Diesmal waren es Schmerzensschreie.
"The bees are furious. They're attacking everything around them!", sagte ich. "Now let's get out of here!"
Jemand rief etwas.

linen bag
Leinenbeutel
to make sure
sicherstellen
to reproduce
sich vermehren
to grit one's teeth
die Zähne zusammenbeißen
to break loose
losbrechen

"They're fleeing from the **insectarium**", sagte ich nach einem Blick aus dem Fenster.
Einige der Angreifer, die eingeklemmt unter der eisernen Treppe lagen und nicht frei kamen, blieben zurück.

insectarium Insektenhaus
prey Beute
to lean sich stützen
battle Schlacht

"Easy **prey** for hundreds of bees", sagte John und grinste. "Thanks to the thugs, they're leaving us alone."
"Let's get you up on your feet, Allan", sagte John.
Wir zerrten Allan mit uns und kletterten durch ein Fluchtfenster auf das Flachdach hinaus.
"The fire escape!", rief ich.
Kevin hatte mit dem Hubschrauber abgehoben, vermutlich um für Hunters Truppe unerreichbar zu sein, und schwebte in Sichtweite. Ich winkte mit beiden Armen als Zeichen, dass wir bereit waren, dann schleppten wir Allan die Feuertreppe hinunter.
"**Lean** on our shoulders", keuchte John.
"You damn losers!", hörten wir Hunter irgendwo in der Nacht brüllen. Im Schatten von Gebäuden und Bäumen schlichen wir unbehelligt zum Heli und bugsierten Allan hinein.
Als wir abhoben, sagte John erleichtert: "We won the **battle**."
"But not the war", meinte Allan trocken und rieb sich den verletzten Fuß.

Countdown

12. November
La Silla Observatorium

Dad und all die anderen hatten am Abend zuvor ungeduldig auf unsere Rückkehr gewartet und sich am Landeplatz versammelt, sobald der Helikopter aufgesetzt hatte.
"Bravo!", hatten einige gerufen und applaudiert. "They have indeed found bees!"
"We must **take care of** your **ankle** right away, Allan", hatte Maria gesagt, als wir ausgestiegen waren. "I'll take you to the hospital."
Heute versammelte Dad kurz nach ein Uhr die Mitarbeiter von La Silla im Hangar 1. Alle wunderten sich, warum er die Arbeiten unterbrach.
"There's an **announcement** to make", sagte Dad und gab mir das Zeichen. Die Anwesenden verstummten.
Ich stieg auf eine Rolle Metall, um besser gehört zu werden. "Our **fellow human beings**", begann ich, "who survived the catastrophes of the first encounter with Exitus, **have reverted** to **barbarism**. We met a **band** of thugs ourselves. They're **furious** and they know all about La Silla. Hunter is leading them, and they will surely come here to **prevent** the launch of the spaceship."

to take care of sth sich um etw kümmern
ankle Knöchel
announcement Ankündigung
fellow human beings Mitmenschen
to revert wieder zurückfallen
barbarism Barbarei
band Bande
furious wütend
to prevent verhindern

"We have to **reckon with** a battle", fuhr Dad fort. "It will be a battle of life and death. Spaceship Earth should not fall into the hands of the thugs under any **circumstances**. We can only become the fathers of a new civilization if we win this **struggle**."

"When would you attack if you were Hunter?", fragte jemand.

"On launch day", sagte jemand anders. "That's when we'll be most **distracted**."

Dad nickte. "All right. We will protect La Silla at all costs."

to reckon with sth mit etw rechnen
circumstance Umstand
struggle Kampf
distracted abgelenkt

3. Dezember, 16.54 Uhr

Der Starttermin rückte näher.

"Exitus and Genesis have orbited the sun", sagte ich. "They are in the sky again, larger and brighter than before."

"The closer they come the more people in La Silla will realize that not everyone will get on board the spaceship", sagte John sorgenvoll. "What will happen then?"

Ich schloss die Augen. Das war genau die Frage, die ich mir die ganze Zeit schon stellte. Vor allem, ob ich selbst dabei sein würde. Und Dad. Und Maria. Und John. Und Allan. Ich hoffte es, aber ich hatte auch Angst davor. Diese widersprüchlichen Empfindungen zerrissen mich fast. Ich wollte nicht daran denken und stürzte mich umso entschlossener in meine Aufgaben.

Das Wetter war unnatürlich heiß. Dunst verschleierte den Himmel. Mehr und mehr Vulkanstaub trübte die Luftschichten. Die Erde bebte von Tag zu Tag stärker, die Flutwellen wurden wieder höher.
"Death is approaching", sagte Maria düster.
Wir kontrollierten die Stacheldrahtzäune und stellten alle fünfzig Meter Wachposten auf. Dann prüften wir den inneren Zaunring, der das Hotel, das VLT und die Startrampe von den Docks, den Hangars und einem Teil der Unterkünfte trennte.
"If he can't do it any other way, Hunter will break in here **violently**", sagte ich.

violently gewaltsam
scale Ausmaß
badly wounded schwer angeschlagen
dining hall Speisesaal

14. Dezember, 12.28 Uhr

Oral Diary – Tommy Sternau
Exitus and Genesis are moving closer to the Earth every day. As they approach, the ***scale*** *of destruction grows. Not a single coastal city exists anymore. Hardly any news is being reported. Interphone, Internet and the data lines are as good as dead. Volcano eruptions, earthquakes, thunderstorms. The Earth is* ***badly wounded****.*

"The solar sails?", fragte Dad Professor Wendling, als wir Hangar 1 betraten.
"Finished and ready to go." Wendling zeichnete eine Checkliste ab und übergab sie einem Ingenieur.
"Let's meet in the **dining hall** of the hotel at 8 p.m.", sagte Dad. "I've completed the flight calculations."

Um 20 Uhr füllte sich der Saal bis auf den letzten Platz. An die 200 Personen wussten, was kommen würde. Dementsprechend schwankte ihre Stimmung zwischen Hoffnung und Angst.

Dad griff nach einem Mikrofon. Es wurde still.

"Each of you has done fantastic work in the last few weeks and months", begann Dad. "Spaceship Earth is ready to start, and those who will go on board have you to thank for that."

Jetzt verkündete Dad den Starttermin. "We will be starting on December 24th at 2.22 a.m. If everything goes according to plan, the flight will last 37 hours and 11 minutes."

"In ten days", flüsterte John angespannt.

"The people who will be on board", erklärte Dad, "are those whom the union **classified** in the last few months as the **fittest** for such an **undertaking**." Ein Raunen ging durch die Menge. "That's why we have brought you, the most **capable** of our species, to La Silla. In one way or another, all of you are special people. Skin colour, language or **ethnic origin** played no part in our decision. Factors such as health, intelligence, practical skills, **courage**, knowledge and training were decisive. The most important thing is the survival of the human race."

Stille.

"I thank you for your work. Please go to your rooms now. You will find the passenger list on your IntraPhone. May God protect us all." Dad legte das Mikro zur Seite und trat neben Kevin.

to classify einstufen
fit tauglich
undertaking Unternehmung
capable fähig
ethnic origin ethnische Herkunft
courage Mut

"Everything prepared, Kev?" Kevin nickte. "Don't miss the boarding time." Damit verließ Dad den Raum. Mit trockener Kehle betraten wir mein Zimmer. Ich wusste: Bei solchen Dingen machte Dad keine Unterschiede.

"Intra-Phone: Passenger list."

Gleich darauf schwebten Namen vor unseren Augen.

"Scan the list", befahl ich.

Wir zitterten alle drei vor Anspannung.

"List has been scanned."

"Confirm names on the list: Allan Morefill."

"Positive."

Allans Muskeln entspannten sich.

"Maria Morefill."

"Positive."

Maria brach in Tränen aus.

"John Gribbin."

"Positive."

John schloss die Augen und atmete tief durch.

"Tommy Sternau."

"Negative."

Mir wurden schlagartig die Knie weich, ich musste mich festhalten. Negativ! Mir wurde kalt und schwindelig. Negativ! Ich taumelte benommen.

"I can't believe this", stammelte Maria. "Computer, check name: Tommy Sternau."

"Negative."

"This must be a mistake. We have to go to your father straight away", sagte John und sprang auf.

"Wait", sagte Allan. "Computer, check name: Thomas Sternau."

"Positive."

Meine Freunde jubelten. Ich musste mich setzen, um mich von dem Schock zu erholen. Es dauerte eine halbe Minute, bis ich mich wieder gefasst hatte. Und nun? Wir waren an Bord. Aber war das ein Vorteil? Wer wusste denn schon, was die Fähre erwartete?

Von draußen drangen Schreie und wildes Gebrüll ins Zimmer. John lief zum Fenster.

to separate trennen
to anticipate voraussehen
electrified elektrisch geladen

"What's going on out there?", fragte ich.

"Now I understand!"

"What?"

"The second safety fence. Your father had it built to inconspicuously **separate** the passengers from those who will not be flying."

"That's why we changed our rooms during the last few days", sagte Maria. "Your father **anticipated** that those who are not allowed on the spaceship would start a rebellion."

"The fence is **electrified**", sagte John.

"Let's hope the power generator is working." Ich merkte zu spät, wie zynisch das klang.

"How dreadful is that?", stöhnte Maria.

"What else could he have done? The survival of mankind is more important than anything else."

20. Dezember, 17.57 Uhr

Gewitter tobten jetzt pausenlos. Im strömenden Regen verfrachteten wir die Tiere in die Raumfähre. Ihre La-

deräume befanden sich im hinteren Teil der Fähre neben den Vorratsräumen.
"Ants and **earthworms** go in here", sagte Allan, der wieder humpeln konnte. Er hakte Ameisen und Regenwürmer auf seiner Liste ab.
"Fish, ducks and chickens are on board", sagte John. "So are microorganisms, plankton, as well as **unicellular organisms**."
"We need wheat for bread", sagte ich. "And we mustn't forget **seeds** for fruits and vegetables." Die Liste schien endlos und ich fragte mich mehr als einmal, wie neben all den Tieren und Pflanzen noch 148 Menschen in dem Raumschiff Platz finden sollten.
Der Boden unter unseren Füßen bebte immer stärker. Ungeheure Blitze zuckten vom Himmel und Stürme tobten.

earthworm Regenwurm
unicellular organism Einzeller
seed Samen
to drift out abdriften
buried alive lebendig begraben

"I wonder if we will ever get out of here?", fragte John.
"We must. *Here* won't exist much longer", sagte ich.
"Right. Strange how easily I keep forgetting that."
"If we don't reach Genesis, there will be no way back to Earth", sagte Allan. "Then we'll simply **drift out** into the universe. **Buried alive** in a spaceship."

24. Dezember

Sieben Stunden hatte es in der Nacht gedauert, bis Spaceship Earth seine Position auf der Startrampe eingenommen hatte. Majestätisch ragte es zu den Ge-

witterwolken hoch. Blitze erhellten immer wieder seinen Schriftzug und das Wappen der GLOSA.
Im Kontrollraum ging Dad noch einmal alle Checklisten durch, um jeden noch so kleinen Fehler auszuschließen.
John, Allan, Maria und ich kontrollierten unsere Ausrüstung. Ich packte mein Lieblingsbuch *Der Magische Federkiel* ein, die Geschichte einer Reise in eine fremde Welt. Meinen E-Book-Reader ließ ich schweren Herzens zurück, nachdem Dad mir klargemacht hatte, dass das Raumschiff als einzige Stromquelle für Wichtigeres gebraucht würde. Nur meinen Armbandcomputer nahm ich mit, der versorgte sich über eigene Solarzellen selbst mit Energie. So würde auch mein mündliches Tagebuch erhalten bleiben – vielleicht einmal das einzige Zeugnis dessen, was in den letzten Monaten auf der Erde vor sich gegangen war.
John band seinen Rucksack zu und sah aus dem Fenster. "Goodbye, dear Earth", sagte er.
Mich schauderte. "It's real. This is our last day in this world."
"It's more than that", kommentierte Allan. "It's the last day *of* this world."

crew Besatzung

Die Lautsprecher knackten. Dad war zu hören. "The countdown is starting. All those chosen to leave the Earth forever, please get on board."
Wir gehörten zur ersten Gruppe, die an Bord von Spaceship Earth ging.
"Dad said we should check the **crew** and passengers", sagte ich zu John. "Kevin will take care of the technology in the cockpit."

"Where is Wendling?", fragte Allan.
"He's outside **inspecting** the **fuel tanks** and the solar wings."
"15 minutes until liftoff." Dads Stimme klang streng.
"Please move along here." Maria wies den Passagieren ihren Platz zu. "Fasten your seatbelts and check your oxygen masks."
"14 minutes to go."
Die verwundete Oberfläche der alten Erde bebte drohend. Ein Zeichen dafür, dass an anderer Stelle gigantische Vulkane losbrachen, die Erdkruste metertief aufriss und die Ozeane ganze Kontinente verschlangen. Orkanartige Winde, heiß wie Feuer, rasten durch die Wälder, verkohlten, was noch nicht zerstört war, und peitschten gnadenlose Sandstürme auf.

to inspect überprüfen
fuel tank Treibstofftank
barbed wire Stacheldraht

"13 minutes and counting."
"Everyone on board", sagte ich und strich den letzten Namen auf meiner Liste durch. Da heulte plötzlich die Sirene auf. Wir schreckten zusammen.
"What's the matter?", fragte Allan.
Wir hatten unsere Plätze im Cockpit eingenommen, genau wie Kevin. Nur Dads Platz war noch frei.
"12 minutes and counting."
Wieder heulte die Sirene durch die Nacht.
Ich schaute durch die Luke. Im Schein der Blitze tat sich etwas. "People are angrily shouting outside. They're running towards the **barbed wire** fence."
Irgendjemand feuerte eine rote Leuchtkugel aus einer Signalpistole ab. Blutrotes Licht überflutete La Silla.
"That's Hunter and his thugs!", rief ich. "They got in!"

Einige aus Hunters Truppe waren schon dabei, über den äußeren Stacheldraht zu klettern. Manche blieben darin hängen, die Stacheln bohrten sich tief in ihre Hände und Gesichter.
"Thank God they have no guns", sagte ich.
Ein erbitterter Kampf setzte ein. Hunter und sein Sohn Ben arbeiteten sich an vorderster Front über die Absperrung. "Go get them!", feuerten beide durch Megafone die anderen an.
"Do you see that?", fragte John. "Some of the La Silla workers **have joined** Hunter's thugs."

to join sich anschließen

Es war ein regelrechter Aufstand der Ausgeschlossenen. Wofür ich sogar ein gewisses Verständnis aufbringen konnte, aber den Gedanken musste ich verdrängen. Unser Überleben hing davon ab, dass wir diese Rebellen zurückschlugen.
Immer mehr Männer überwanden den äußeren Zaun, stürzten sich auf alle, die sie zu hindern suchten, prügelten mit Schlagstöcken auf sie ein oder schossen mit Steinschleudern auf sie. Ein Blitz schlug in den Stromgenerator ein. Lichter erloschen.
"The internal safety fence failed!", rief Allan.
"Oh no! Wendling is there!", rief ich bestürzt.
Drei Angreifer rissen den Zaun nieder und rannten auf Wendling zu.
"11 minutes left."
Wendling schlug mit einer Eisenstange wild um sich. Auf den Mann vor ihm konzentriert, übersah er, wie ein anderer ihn von hinten angriff.
"He needs help", rief ich und schnallte mich ab.

Aber John hielt mich zurück. "Are you crazy? We're part of the Genesis mission, damn it. We've got to stay inside."
"10 minutes."
Ich holte kurz Luft, um etwas zu sagen, aber dann setzte ich mich wieder und presste die Nase ans Fenster. Ein Schlagstock traf Wendling am Kopf. Er taumelte, ließ seine Waffe fallen. Der Angreifer schlug wieder zu. Der Professor sackte auf die Knie und kippte mit dem Gesicht voran in den Schlamm. Dort blieb er reglos liegen.
"Let's go!", krächzte Hunter in sein Megafon. "That's our ship!"

Die Aufständischen schleuderten jetzt Brandsätze. Erst ging das VLT in Flammen auf, dann Hangar 1 und das Hotel.
"Where's Dad?", rief ich.

savage
Barbar(in)

"9 minutes."
Einige Geschosse trafen das Raumschiff. Schreie drangen zu uns herauf. Ein gnadenloser Kampf spielte sich ab. Menschen brannten, fielen hin und blieben liegen. Andere wurden von Wurfgeschossen tödlich getroffen, gingen zu Boden oder stürzten in die Flammen.
"8 minutes."
"I can't believe what I'm seeing", sagte ich zu Maria. "Scientists, engineers, physicists, the cleverest minds of mankind in a battle with **savages**."
"7 minutes."
La Silla war in der Hand von Hunter und seiner Truppe. Sie strömten in Scharen auf Spaceship Earth zu.
"6 minutes."

"They're coming", sagte Maria bang.

"Where, **for God's sake**, is your father?", rief Kevin.

"5 minutes."

Ich hielt es nicht mehr aus. Ich sprang auf und rannte zur Schiffsluke. "I'll go and get him!"

Hunter entdeckte mich in dem Moment, als Dad gerade aus dem brennenden VLT gerannt kam.

"4 minutes."

Plötzlich knallte ein Stein gegen meinen Hinterkopf. Benommen taumelte ich weiter. "Dad!"

Hunter stürzte sich auf mich. Er legte mir seinen linken Unterarm um die Kehle und drückte zu. Ich schnappte nach Luft.

"**Either** you give us a seat in the shuttle **or** the kid dies", krächzte Hunter.

for God's sake um Gottes willen
either ... or entweder ... oder
matter Sache
for all I care meinetwegen

Dad blieb vor uns stehen. "Let him go, Hunter, this is a **matter** between us two."

"3 minutes."

"Give Ben and me a place, Sternau. We are human beings just like you."

Ich sah an Dads Gesichtsausdruck, dass er die Einschätzung Hunters bezweifelte. Aber für Diskussionen blieb keine Zeit.

"2 minutes."

"Let him go, Hunter. I'll give you my seat."

"I won't let go of him until Ben and I are on board, Sternau."

"All right, **for all I care**."

"No one except Dad fully understands the technology of the spaceship", presste ich hervor. "We'll never make it without him."

Hunter schaute hektisch zwischen mir und Dad hin und her. Ich fand mich innerlich schon damit ab, dass ich statt Ben zurückbleiben musste.
"You come with me, Sternau. Get up there!"
"Okay, Hunter", gab Dad nach. "I have no choice, it seems. Somehow we'll make room for two more people."
"Ben, get on board, hurry!" Hunter lockerte seinen Griff, als er Ben rief. "No tricks, otherwise one of you is dead!" Hunter zückte ein Messer.
Ein Blitz schlug in Hangar 1 ein. Die Halle stürzte in sich zusammen, Glut und Funken stoben nach allen Seiten.

Hunter hatte mich losgelassen. Dad schleppte mich zur Luke hinauf. Hinter uns folgte Ben, dann sein Vater. John riss die Augen auf, als er Ben sah.
"1 minute."
"No questions, John", keuchte ich. "Put him in Wendling's seat."
"45 seconds."

hatch Luke

In diesem Moment explodierte das VLT. Eine Druckwelle rollte über La Silla hinweg und traf die Startrampe im gleichen Augenblick, als Michael Hunter die Verbindungsbrücke zur Luke erklomm. Er rutschte ab, verlor das Gleichgewicht. Seine Hände suchten vergeblich nach Halt.
"Dad!", schrie Ben.
"I'm sorry, Ben. Live!" Das waren Michael Hunters letzte Worte, bevor er endgültig abstürzte.
"30 seconds."
"Close the **hatch**", befahl Dad, während er seinen Platz einnahm.

"15 seconds."

"All systems go, Kev."

"10 seconds."

"**Aye, aye**, sir."

"9 – 8 – 7 ..."

"Activate autopilot, Tommy."

Ich drückte einen grünen Knopf mit der Aufschrift *AP*.

Aye, aye! Jawohl!
ignition Zündung
supply line Versorgungsleitung
disconnected abgetrennt
holding crane Haltekran

"6 – 5 – 4 ..."

"Oxygen?"

"Yes, Dad."

"3 – 2 – 1 ..."

"**Ignition**!" Dad tippte die Go-Fläche auf dem Touchscreen an.

Die Triebwerke zündeten. Eine gigantische Feuerwolke breitete sich unter uns nach allen Seiten aus. Spaceship Earth begann zu beben.

"**Supply lines disconnected**", meldete ich.

Die Schläuche pendelten lose in der Luft.

"**Holding cranes** off!"

Die Kräne kippten nach hinten weg. Das Raumschiff hob ab und hüllte La Silla in einen Feuersturm.

"Liftoff completed", sagte Dad.

Der Flammensturm verbrannte, was von La Silla noch übrig war. Todgeweihte Erde.

End of Time

24. Dezember
Spaceship Earth

Wir klammerten uns an die Haltegurte. Die Fähre durchstieß die Wolken. Uns gefror das Blut in den Adern: Riesengroß stand Exitus am Himmel, sonst war kein einziger Stern zu sehen. Unter uns brodelte die alte Erde, eingehüllt in einen tödlichen Mantel aus Asche, Feuer und Lava.

"**Distance** from the Earth?", fragte Dad.

"356 kilometres", antwortete ich.

Unten auf der Erde riss die Wolkendecke für einen Moment auf. Flüchtende mussten noch sehen, wie sich ein winziger Lichtpunkt in Richtung des kleineren Planeten bewegte, ehe sich die Feuerwolken auf sie stürzten.

"Distance from the Earth?"

"34,743 kilometres, Dad."

"Board camera on", sagte ich.

Einige Passagiere, das sah ich im Monitor, waren bleich im Gesicht. Kein Wunder, sie waren keine Astronauten und solche Druckverhältnisse nicht gewohnt. Manche waren bewusstlos. Einige nahmen nur teilweise auf, was geschah.

distance Entfernung
exterior äußere

"Distance?"

"389,877 kilometres."

"The moon once orbited the Earth at this distance", sagte John.

"**Exterior** cameras, please."

"Intra-Phone on", sagte ich.

"Propulsion off", befahl Dad.
Die Triebwerke erloschen, das Vibrieren verebbte. Wir schwebten ruhig durchs All.
"John, solar power!"
"Solar power on", sagte John.
Wir sahen, wie sich die Mündungsklappen an den Tragflächen öffneten. Goldfarbene Segel breiteten sich aus und fingen das Licht der Sonne ein.
"In a few seconds we'll become witnesses to the end of the world as we know it", verkündete Dad ernst. "Computer: exterior simulation."
Ein Hologramm baute sich auf. Die Erde erschien. Zur Hälfte war sie verdunkelt. Der andere Teil war nicht mehr blau, sondern grau und in Staubwolken gehüllt. Vor ihr und sehr viel größer zeigte sich Exitus. Unaufhaltsam bewegte er sich auf die Erde zu. Wir zitterten, während wir das Unvorstellbare beobachteten.

Exitus berührte die Erdatmosphäre. Millionen Blitze entluden sich gleichzeitig. Die Erde riss auf, Feuer loderte in den Abgründen. Mächtige Lavawolken zuckten in den Himmel.
"Exitus and its trillions of tons of rock are colliding with the Earth." John blieb der Mund offen stehen.

contorted
verformt

"Do you see the **contorted** shape of the Earth", sagte ich, "it looks like an egg."
Die Feuerrisse umzogen jetzt den ganzen Erdball. Dann hob sich ein Teil der Erde selbst empor und schoss wie von einem Magneten angezogen auf Exitus zu. Maria schrie auf.
Feuer, Rauch, Wasserdampf. Die Erde starb.

"The two planets are merging", sagte ich tonlos. Meine Kehle war trocken wie Sand. Die Erde schlug auf Exitus ein wie eine kosmische Gewehrkugel. Unmengen von Gestein, Staub und Gasen wurden ins All geschleudert. Feuerzungen schossen in den Weltraum. Rauchgürtel bildeten sich. Wir schwiegen, minutenlang, vor Erschütterung. Ich dachte an die anderen Raumschiffe, die irgendwo in Nordamerika und Asien gebaut werden sollten. Wir hatten zuletzt keine Nachrichten mehr von dort empfangen. Ob sie es geschafft hatten?

"The Earth! It's – gone." John hatte sichtlich Mühe, die Fassung zu behalten und nicht in Tränen auszubrechen.

"It has fused with Exitus", sagte Dad.

"All of it?", fragte ich.

"Not everything, Tommy. The impact has smashed the Earth into pieces. From now on, the fragments will be revolving around the sun on their own trajectories."

original
ursprünglich

"What was once the living blue planet is now wandering through space as dead and cold pieces of rock?", stammelte John.

"And Exitus?", fragte Allan.

"If I calculated correctly, then ..." Dad startete ein Computerprogramm. Das Sonnensystem erschien als Hologramm, elliptische Bahnen entstanden. "Just as I thought –"

Wir studierten die Ellipsen. Eine Linie passte nicht zu den übrigen.

"The weight of the Earth has slowed Exitus down and diverted it from its **original** trajectory", erklärte Dad.

"The trajectory it is taking means we'll never see Exitus again. It is on its way out of our solar system forever."
"Can you see what happened to Genesis?", fragte Maria.

mode Modus
weightlessness Schwerelosigkeit

Dad studierte die Messdaten. "Fortunately, Ron Morefill and Paul Gribbin were right", sagte er schließlich.
Die beiden hatten den Aufprall am Computer simuliert. Der Zusammenstoß schwächte Exitus' Anziehungskraft für einen Moment so stark, dass die Sonne Genesis losriss und in ihr Gravitationsfeld übernahm.
"I can hardly believe any of this", sagte John.
In diesen Momenten fühlten wir uns alle gleich: winzig.
"Activate journey sleep **mode**", befahl Dad.
Der Sauerstoffgehalt in unserer Atemluft reduzierte sich, während uns die Sonnensegel auf Genesis zutrieben. Ich schwebte in meinem Sitz. Nur der Gurt verhinderte, dass ich schwerelos durch die Raumfähre glitt. Der Computer hatte das Kommando. Dad hielt es für das Beste, während des Fluges zu schlafen. Ging etwas schief, würde das Ende wenigstens keiner mitbekommen.

Ich öffnete die Augen. Die Zahlen auf dem Monitor wurden langsam klarer: *Remaining flight time – 38 minutes.* Auch die anderen Passagiere erwachten nach und nach aus dem Reiseschlaf. Ich setzte mich auf, schwebte nicht mehr. "We're approaching Genesis. Its gravitational pull is offsetting the **weightlessness**", sagte Dad neben mir.

"Autopilot: landing approach", sagte die mechanische Computerstimme.
Spaceship Earth drehte sich um die eigene Achse und neigte die Nase in einem flachen Winkel nach oben. So stürzten wir auf das Wolkenmeer unter uns zu. Die Außenhülle der Fähre begann zu glühen, es wurde wärmer im Cockpit.
"Intra-Phone", sagte Dad. "No matter what happens in the next few minutes, we left the Earth on December 24th, therefore – Merry Christmas to you all."
Stille.
Eine Frau in der zweiten Sitzreihe brach das Schweigen. "You've brought us all the way here, Doctor Sternau. And you'll bring us down there. Merry Christmas." Die Passagiere, einer nach dem anderen, klatschten in die Hände. Dann starrten sie gespannt auf die Anzeigen im Raum.
"Altitude?", sagte Dad.
"146 kilometres, falling **rapidly**", antwortete Kevin. Im Hologramm verdichteten sich die Wolken. Dröhnende Geräusche trommelten gegen unsere Ohren. Die Raumfähre begann plötzlich zu beben.

rapidly rasch

"Internal temperature?"
"67 degrees Celsius."
Schweißtropfen rannen mir übers Gesicht. Den anderen erging es nicht besser. Mein Herz pochte wild.
"Altitude now falling more slowly", meldete Kevin. "87 kilometres … 54 … 41 … 29 … 10 …"
"There, look!", rief ich.
Niemand glaubte, welche Daten der Außenkamera der Computer in diesen Sekunden abbildete.

"Mankind's first view of its new world." Ich hielt die Luft an.
Wir sahen ein zerklüftetes Gebirge. Schnee bedeckte die Bergspitzen. Dahinter breitete sich ein riesiger See aus, über den wir hinwegglitten.
"Altitude: 2 kilometres", meldete Kevin.
"**Ignite** the landing engines", sagte Dad.
Dad neigte den Bug der Fähre. Sanfter Gleitflug. Unter uns rauschte türkisfarbenes Wasser dahin.

to ignite zünden
Land, ho! Land in Sicht!
rubble Trümmer
bumpy holprig
braking jet Bremsdüse
to deploy *hier:* ausfahren
landing gear Fahrwerk

"**Land, ho!**", rief Allan.
Wir schossen durch tief ziehende Wolken. Dann lichteten sie sich.
"Land is appearing", sagte John. Schnell kam der Landstrich näher.
"Reddish sand, **rubble**, rocks", sagte ich. Nichts blühte hier, nichts wuchs, nichts bewegte sich. Totale Ödnis.
"The landing will be **bumpy**", warnte Dad und griff nach dem Steuerhebel. "Autopilot off." Ein Ruck, Spaceship Earth schwankte und glitt, von Hand gesteuert, auf ein Felsplateau zu.
"**Braking jets**", sagte Dad.
Das rötliche Gestein unter uns wurde langsamer.
"**Deploy landing gear**", sagte Kevin.
Dad senkte die Fähre weiter ab. Wir hielten den Atem an. Ein heftiger Ruck, dann ein dumpfer Schlag gegen die Räder. Die Fähre schlingerte, sackte nach links weg. Wieder ein Schlag. Das Fahrgestell brach weg, wir schleuderten wie ein Kreisel. Das Cockpit schlug auf den Boden, wir wurden in die Sitze gepresst. Hin-

ten schrien Passagiere auf. Spaceship Earth schlitterte vom Plateau auf eine Ebene zu, die in eine Hügellandschaft überging. Der Bug der Fähre bohrte sich in einen der Erdhügel und wirbelte eine Menge Staub auf. Dann war es still.

Sekunden verstrichen, lang wie Minuten.

"Landing completed. Welcome to the new world. Today, a new epoch is beginning for mankind."

In der Raumfähre brach Jubel aus.

"We are standing on a new planet!"

Die Passagiere fielen sich um den Hals, umarmten sich, lachten, weinten. Auch uns riss die Freude des ersten Triumphes mit. Maria umklammerte mich und presste sich fest an meine Brust.

to be aware of sth sich einer Sache bewusst sein
humidity Luftfeuchtigkeit
to analyze analysieren
air sample Luftprobe

Dad schnallte sich los und ging zu den Passagieren.

"Listen, everybody! The Earth, which allowed life to develop over millions of years and form the human race, does not exist anymore. What's left of it, single fragments, is now orbiting the sun. Let us all **be aware of** what a unique chance has been given to us to preserve and continue life."

Er versorgte uns mit den ersten Messdaten der neuen Welt. "It is late afternoon outside. A day on Genesis lasts 29 hours. Outside temperature: 31 degrees Celsius. Wind: 24 kilometres per hour. **Humidity**: 87 percent, very humid."

"No one leaves the ship until tomorrow", ordnete Dad an. "We **are analyzing** an **air sample**."

Jeder wusste, dass die Instrumente falsche Daten liefern konnten. Wir hatten keine Informationen über das Magnetfeld von Genesis.
"The air outside could be highly **toxic**", sagte ich. "If it is not breathable, we are facing **death by suffocation**."
"Perhaps it only contains a few toxic elements", meinte John. "Then we have to find out what these are and if we can protect ourselves from them."
Irgendein Lebewesen musste die neue Luft also einmal einatmen.

toxic giftig
death by suffocation Erstickungstod

Im Frachtraum banden Männer und Frauen die Tiere los und versorgten sie. Einige waren auf der Reise verendet, andere erholten sich rasch.
Die Außenkamera zeigte, wie die Sonne langsam unterging. Ein tiefes Abendrot fiel auf Spaceship Earth, dann brach eine klare Nacht an. Am Nachthimmel war zu sehen, wie Exitus seine Reise in das weite Universum fortsetzte. Hinter ihm fiel das Sonnenlicht auf die restlichen Trümmer der Erde.

Menschheitsdämmerung

25. Dezember
Genesis

In dieser Nacht konnte ich nicht schlafen. Dieser Gedanke. Ständig schwirrte er in meinem Kopf herum: Irgendjemand musste die Luft von Genesis als Erster atmen. Klar, sie konnte ein unbekanntes Gift in sich tragen. Na und? Wenn wir sie nicht atmen konnten, waren wir ohnehin dem Untergang geweiht. So hatte ich meinen Platz im Raumschiff wenigstens nicht umsonst bekommen.

Ich verließ leise meinen Platz, schlich in die Luftschleuse und verriegelte die Tür hinter mir. Ein Knopfdruck, Zischen. Die Landetreppe fuhr aus. Jetzt brauchte ich nur noch die Außenluke zu öffnen und hinunterzusteigen. Ich zitterte. Vielleicht waren das meine letzten Schritte. Aber dann würde meine Leiche wenigstens die anderen warnen.

Ich öffnete die äußere Schleusentür. Mein Herz pochte bis zum Hals. Ich stieg auf die erste Stufe hinab, dann hielt ich die Luft an, sprang aus dem Shuttle und schloss die Luke wieder per Knopfdruck.

Auf dem warmen Boden schloss ich die Augen. Der Moment, der alles entscheiden sollte, war gekommen. Ich sog meine Lungen mit Genesis-Luft voll. Die heiße, stickige Luft schnürte mir sofort die Kehle zu. Ich roch Schwefel, dann überfiel mich ein Hustenanfall.

Ich griff mir an den Hals, hustete, sekundenlang, glaubte zu ersticken. Verzweifelt schnappte ich nach Luft, wieder und immer wieder. Ich fiel auf die Knie, dachte, das war's, da legte sich das Kratzen im Hals ebenso plötzlich, wie es aufgetreten war. Mir war nicht schwindelig, ich fühlte keine Schwäche, kein Unbehagen.

"It takes a few seconds for your **lungs** to **get used to** the new air, Tommy", sagte eine leise Stimme hinter mir.

Ich drehte mich um. "Dad, I ..."

"It's all right. You're just like me. On Earth we called it the **exploratory urge**. An important **attribute** in our new world."

lung Lunge
to get used to sth sich an etw gewöhnen
exploratory urge Forscherdrang
attribute Eigenschaft

Ich wusste nicht, was ich sagen sollte. Dad legte einen Arm um meine Schultern. Gemeinsam blickten wir in den Himmel.

"It's not the sky we're used to, is it", sagte Dad.

"But it's still the same universe, as beautiful as ever", antwortete ich. "What else will we find here, Dad? What shall we do first?"

"We'll search for lines that are straight as arrows. Ron and Paul chose our landing place that way; we must be really close."

Allans und Johns Väter. Was für beeindruckende Menschen. Sie waren in der GSS gestorben, um uns diesen vielleicht rettenden Landeplatz zu berechnen.

"Will we survive, Dad?"

Ich musste an Mom denken. Sie war irgendwo dort oben, dort draußen.

"Space is endless, Tommy. There are billions of galaxies and suns. There are more stars than all the **grains of sand** on all of the Earth's beaches."

"Man once believed that the Earth was a flat **disc**", sagte ich nachdenklich. "Later he travelled to the moon and built the GSS, which allowed people to live in outer space."

"Behind us lie billions of Earth years of evolution, years in which the Earth **evolved** and life appeared. Why shouldn't we survive here? Mankind, animals, plants – life itself – are much more than **coincidental byproducts** of cosmic processes. They are a part of the universal process of **creation** and change. And Genesis is also a part of it."

Vielleicht war das die Antwort auf Marias Frage nach Gott, dachte ich: Im unendlichen Maßstab des Universums ist es egal, ob wir am Ende der Zeit leben oder sterben. Wir sind und bleiben ein Teil dieses Kosmos, ein Teil des ewigen Kreislaufs von Geburt, Leben und Tod. Entscheidend dabei ist, ob wir in der Zeit, in der wir über Bewusstsein verfügen, den Sinn des Lebens erkennen, ob wir dazulernen, verstehen, uns weiterentwickeln, um diese Schöpfung zu bewahren. Machen wir zerstörerisch weiter wie auf der Erde, dann hat es keinen Sinn, hier zu sein, dann leben wir nicht, dann existieren wir bloß.

Die Sonne ging langsam auf. Im Schein der ersten Strahlen sah ich etwas, das mich zu Freudentränen rührte.

grain of sand Sandkorn
disc Scheibe
to evolve sich entwickeln
coincidental zufällig
byproduct Nebenprodukt
creation Schöpfung

"**Moss**, Dad. This is moss!"

Dad strich sanft über das weiche grüne Moospolster.

"Brought back to life by the light of the sun, Tommy. Life."

Ich betrachtete das Moos noch, während Dad zurück zur Raumfähre ging.

Oral Diary – Tommy Sternau

*We reached Genesis. We have survived. Now the hardest part of our mission is awaiting us: living together **peacefully**.*

moss Moos
peacefully friedlich

Ich lief den Hügel hinauf. Oben setzte ich mich auf den Boden und blickte in ein weites Land, das am Horizont die Sterne berührte.

Nachwort

Vor 4,5 Milliarden Jahren traf ein Komet die Erde. Die Erdachse wurde dadurch um 23,5 Grad geneigt, unsere Jahreszeiten entstanden.

Vor 65 Millionen Jahren schlug ein Komet mit 10 km Durchmesser auf der mexikanischen Halbinsel Yucatan ein. In weniger als 1 Sekunde entstand ein 200 km breiter und 30 km tiefer Krater. Die Dinosaurier wurden ausgelöscht, 60 Prozent aller irdischen Lebewesen starben.